杜玉河 | 编著

开源工业互联网的财富秘密

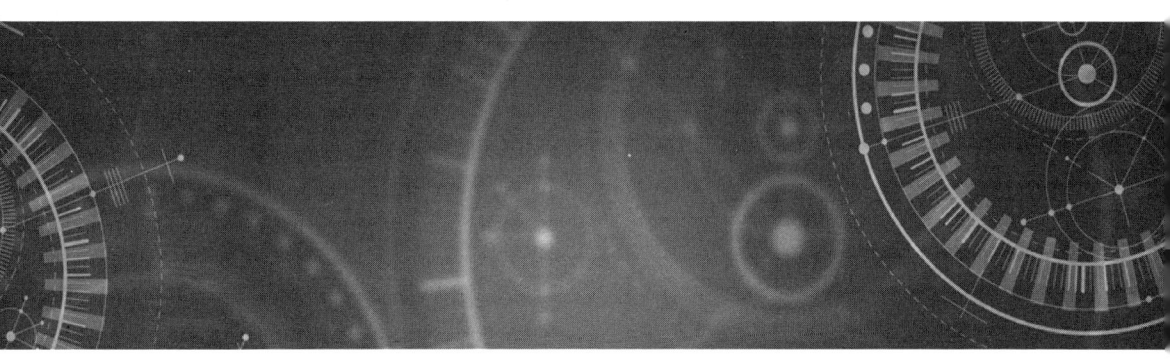

电子工业出版社
Publishing House of Electronics Industry
北京·BEIJING

内 容 简 介

开源能否赢利？有成熟的商业模式吗？可实现商业价值吗？为什么要开源？怎样开源？全球开源企业如何实现赢利？商业模式是什么样的？如何做开源公司的投资估值？背后的经济学原理是什么？工业互联网也能开源吗？

本书就以上问题，梳理了开源30多年来影响重大的事项：人物、事件、社区、项目、公司、基金会与许可证等；有鲜为人知的故事，也有细致的案例剖析：战略选择、商业模式设计、社区运营、成立基金会、项目孵化、公司运营与融资发展全生命周期等内容。案例既涉及苹果、谷歌、亚马逊、BAT、华为及特斯拉等大公司，也涉及新兴开源公司，并尝试揭开它们成功的秘密：技术创新与商业创新的双轮驱动模式。

本书适合工业4.0、工业互联网、智能制造领域的企业家与从业者、投资公司、科技创新方面的政府人员、地方政府与产业园区的相关人员阅读，也适合作为理工类院校师生的参考读物。

未经许可，不得以任何方式复制或抄袭本书之部分或全部内容。
版权所有，侵权必究。

图书在版编目（CIP）数据

开源工业互联网的财富秘密 / 杜玉河编著. —北京：电子工业出版社，2020.11
ISBN 978-7-121-38789-0

Ⅰ.①开… Ⅱ.①杜… Ⅲ.①互联网络—应用—工业发展—研究—中国 Ⅳ.①F424-39

中国版本图书馆 CIP 数据核字（2020）第 046993 号

责任编辑：刘志红（lzhmails@phei.com.cn）
印　　刷：三河市鑫金马印装有限公司
装　　订：三河市鑫金马印装有限公司
出版发行：电子工业出版社
　　　　　北京市海淀区万寿路173信箱　邮编：100036
开　　本：720×1000　1/16　印张：15.75　字数：350千字
版　　次：2020年11月第1版
印　　次：2020年11月第1次印刷
定　　价：89.00元

凡所购买电子工业出版社图书有缺损问题，请向购买书店调换。若书店售缺，请与本社发行部联系，联系及邮购电话：(010) 88254888，88258888。
质量投诉请发邮件至 zlts@phei.com.cn，盗版侵权举报请发邮件至 dbqq@phei.com.cn。
本书咨询联系方式：(010) 88254479，lzhmails@phei.com.cn。

推荐语

开源适用于工业软件的创新。这本书不仅介绍了操作系统、开发工具、数据库等基础软件的开源,还介绍了消费互联网领域的开源。更关键的是突出介绍了工业物联与工业软件,包括西门子、博世、SAP、特斯拉等工业系统的开源,对于当前我们工业软件解决断供问题具有启发的作用。通过社会创新,推动技术创新与引领是一条证明可行的道路之一。

——安攸鹏 原工信部信软司副司长 现阿里研究院副院长

杜老师新作旗帜鲜明地倡导工业互联网开源,面对近几年工业互联网的虚火,是一剂良药。拿到书稿后,认真阅读了杜老师的自序和目录,并通览了全书,杜老师把读者的思考层次提升到中长期未来和全人类的经济福祉层面,很受感触。

很高兴有机会和其他同仁一起,向读者隆重推荐《开源工业互联网的财富秘密》,让杜老师带你一起畅想和洞察社会经济的未来大趋势——开源工业互联网。邓小平说,科技是第一生产力,不是管理,不是文化,不是制度。今天仍然适用。祝阅读和思考愉快!

——西门子工业软件大中华区副总裁兼CTO 方志刚 博士

从2012年起,我一直在博世软件创新(现Bosch.IO)工作,并负责中国区业务发展和技术引进推广,也是从那时起,我加深了对物联网和工业4.0、工业互联网的了解。

非常高兴，杜玉河老师花费那么多精力来整理和归纳开源软件的由来和发展，帮助读者了解开源软件的前世今生，同时，他还运用多年积累的知识与智慧帮助读者能够更好地理解开源对于未来物联网和工业互联网发展的重要性，更具前瞻性地预见开源软件的未来发展。本书不仅可以帮助技术人员学习和了解软件开源发展史，更可以帮助和启发企业商务、管理人员理解技术对于未来的商业模式和创新的影响及发展。

——王建国　博世软件创新公司中国区总经理

一直活跃在工业4.0前线的杜玉河老师2019似乎声音小了很多，2020年1月8日在菲尼克斯见面的时候才知道，他居然能博览群书，潜心造书，而且造得是一本引领工业互联网未来的书，这就是《开源工业互联网的财富秘密》，值得称赞的是，开源工业互联网赋能的工业4.0是真正的工业革命！

开源工业互联网是不可忽缺的数字基础设施。特别感谢用心服务产业的杜老师，我也真心希望菲尼克斯在中国智能产业生态的坚定实践和探索，能为数字工业的未来带来新的启发和样本，携手坚定在路上！

——顾建党　菲尼克斯电气中国公司总裁

本书从开源的技术发展、工程发展、商业发展与资本发展的论述着笔，全面地阐述了软件的起源，自由软件、开源软件的起源与生态的形成。特别是通过案例讲述了公司由小到大，从优秀成为卓越的过程。它具有实战性、系统性和启发性，对想理解和发现开源商业价值的企业家与管理者而言，是一本不可多得的好书。

——中德智能制造人才教育培训专家组中方首席专家　陈明

工业互联网无疑是非常热门的话题，也是巨大的商业宝藏。开源，是当今开发者最关注的话题，也是每个企业在使用信息系统时思考的问题。工业互联网遇到开源时会产生怎样的火花，这是非常有意思的话题。工业互联网能开源吗，开源的商业模式又是什么，它们的结合能够长期持续下去吗……带着一系列的思考阅读此书，您将获益匪浅。

——曹泽军　某知名企业中国区副总裁、中国战略 Marketing 部长

开源对于工业互联网这一个庞大工程是极其重要的。为什么要建设工业互联网？工业互联网的内容是什么？工业互联网的本质是数字化人类积累了 200 多年的工业知识，以软件的形式或者数据的形式放在互联网上。

本书主导的开源工业互联网的开发，是聚集人类的智慧，一起共同完成这一人类伟大的协作，这不仅仅是一个公益的事情，也是一个伟大的培养人才的过程。在这个过程中，大量的人才培养出来以后，将成为很多企业内部建设工业互联网的主力军。同时，很多企业通过对于开源社区的贡献，从而成为某个垂直行业的专业服务商，形成行业口碑，获得很多商业机会。

——丁险峰　现任阿里云首席智联网科学家

2007 年，Android 操作系统以开源方式进入传统上封闭的智能终端市场，在被市场主导者认为没有商业模式而无法生存的质疑声中，从零起步，短短几年间即横扫全球，成为市场新的统治力量，重塑全球产业生态和市场格局。开源，无疑是其中至关重要的成功因素。与智能手机不同，工业互联网面向一个市场更广阔、意义更重大、门槛也更高的生产领域，开源模式能否发挥作用、如何发挥作用，是一个值得探索的重大命题。国内外产业界在一开始就做了不少尝试，但仍然是一个非常初期的阶段，需要找到可持续的开源之路。本书梳理了全球开源的发展历史和重要事件，并试图剖析其中蕴含的技术创新和商业创新之道，相信可以为工业互联网的开源发展提供思想的启迪和路径的参考。

——余晓辉　中国信息通信研究院总工程师，工业互联网产业联盟秘书长

用"开源"开财源,用创新创价值

伴随第四次工业革命的到来,庞大的市场需求成为软件产业发展的首要驱动力。工业软件正如工业一样成为这次工业革命的重心。在国家重视的同时,如何把握机遇,推动技术创新与实现商业价值的双轮驱动,在此基础上实现工业软件的可持续发展呢?《开源工业互联网的财富秘密》这本书清晰地诠释了其中的规律。

工业软件产业是一座超大富矿

目前中国的软件(含信息服务业)产业规模居世界第二位,仅次于美国,2019年超 7 万亿元的产值基本上反映了中国软件内需市场的规模。同时,产业布局较全面,以华为、BAT 等为代表的龙头企业规模在全球范围内也名列前茅。根据市值,目前在全球前 10 家市值最大的 ICT 企业中,美国 6 家,中国 3 家(即华为、阿里、腾讯,华为未上市,但估值可与苹果相比),韩国 1 家(三星)。

经过多年的发展,中国工业软件从无到有,已能提供一系列国产工业软件产品,但与国际先进水平相比,仍有很大差距。基础软件和工业软件领域,中国还明显存在短板。例如,在大型高端工业软件,包括 CAD、CAE、CAM 等方面,市场几乎完全被国外产品垄断,自主版权的软件和平台系统依然缺位,成为我国"制造强国"和高质量发展战略实施的最大软肋。

当前,我国正加快推动由制造大国向制造强国转变,工业软件作为智能制造的重要基础和核心支撑，对于推动我国制造业转型升级，实现制造强国和高质量发展，具有非常重要的战略意义。实践反复告诉我们，应重视工业软件的自主可控。工业软件的内涵丰富，面向不同领域的工业软件各不相同，它们是保障工业领域健康持续发展不可或缺的支撑。在近来的中美贸易摩擦中，面向离散制造业、集成电路业的工业软件已频频进入人们的视野，而其他如建筑业等领域的工业软件也受到了人们越来越多的关注。现在可以预见，中国工业软件大发展的时期到来了。

面向集成电路设计的工业软件在我国比较落后，即 EDA（电子设计自动化）软件，这方面全世界基本上都被美国的 Cadence、Synopsys 和 Mentor（已被德国公司收购）三大公司所垄断，我国厂商的市场份额几乎为零，需要奋起直追。如果这三家公司不允许我们使用其产品，那会让我们十分被动。

其次，面向离散制造业的工业软件。在离散制造业领域，全球工业设计仿真软件产业格局主要由美、德、法三国把控。相比之下，这方面国产软件还较弱，尤其是 3D CAD 软件，并缺乏与 CAD 配套的 CAE 软件，不能形成完整的工业软件体系。

我国制造业对国外高端工业软件形成长期依赖，飞机、船舶、冶金、化工、生物医药、电子信息制造等重点制造领域长期以来依赖国外工业软件，不能满足我国工业制造业转型升级、快速创新发展的需要。

接下来，谈谈面向建筑业的工业软件。目前建筑业的工业软件如 GIS、BIM、IoT 等，各自只覆盖建筑业的全生命周期的某个阶段，彼此没有融合起来。实际上，这些软件在建筑项目的全生命周期中应当彼此相关、密切交互。例如，在一个园区建筑项目中，根据园区规划、环境营造、交通布局、建筑设计、成本核算、施工管理、智能管控、通风取暖、节能照明、安防应急等方面的要求，在其全生命周期中，应当对建筑的规划、设计、施工和运维等环节，综合实施统筹规划、全面考量、高效推进、无缝对接、智能管理、安全运作等。应该说，目前建筑业还没有出现这样全面的高端工业软件，鉴于中国建筑业的规模、从业人员数量和活跃程度在世界上领先，中国建筑业的工业软件是大有可为的。

总之，针对工业软件的发展，中国拥有全球较大的产业门类，市场新需求不断涌现，具有强大的市场驱动力，再加上政府和企业重视投入，中国工业软件完全有可能实现弯道超车。

用开源文化发挥中国"工程师红利"，让"财富"不重复造轮子

发展软件产业，应该扬长避短，充分发挥中国软件人才的资源优势。

中国拥有世界上最大的人才资源，包括丰富的软件人才资源。软件从业人员存量大、增量大、质量不断提升。

数据显示，2016年，我国软件从业人员达855.7万人，世界第二，仅次于美国，约占世界10%；而在人才储备上，则优于美国。2017年，全国在校大学生人数为2 695.8万人，应届大学毕业生795万人，普通本专科招生748.6万人，全国共有具有大学教育程度人口为1.959 3亿人，人才存量巨大；在人才质量上，目前，软件人才本科及以上学历达79%，且持续上升。

此外，中国的软件人才成本低（2017年IT员工平均薪酬为13.03万元）、人才勤奋度高，人才创新性及研发效率高，具有较大优势。但中国软件人才也面临着工作规范性不足、团队合作精神不足、英语水平较差、担任跨国企业高管的人才较少等劣势。据一些经济学家估计，到2025年，中国"人口红利"将彻底消失，实际上，这里说的"人口红利"是指简单劳动力红利，在这个意义上，未来中国应当从"人口红利"转向寻求"工程师红利"。

为此，在软件人才培养上必须大力支持发展方式的转变，从"人口红利"转变到"工程师红利"。目前中国的R&D经费世界第二，专利等知识产权拥有量不断增大（如2015年PCT专利排名世界第三），随着中国工程师队伍的继续增长，中国将有可能出现"工程师红利"。

当前，在新一轮科技革命和产业变革中，软件技术已渗透到几乎所有信息技术之中，软件人才在网信领域的高技术企业中，比重往往超过七成。中国有

很多优秀的工程师，其中，软件工程师占比较大，他们对"工程师红利"的贡献较大。今后，中国软件工程师数量可能会走在世界前列，这是中国数字经济发展的巨大动力。

现在，世界上开源已经成为一个潮流。开源通过源代码开放，可以让工程师充分创新，不重复造轮子，有利于软件工程师发挥"工程师红利"。

用开源促创新：华为的实践证明在中国开源是可行的

在开源方面，当今，开源软件已成为软件业的主流，将促进软件业开放创新，而中国软件从业者应该向华为学习，努力提高对开源的贡献度。

2018年著名的黑鸭子公司（Black Duck Software）审计了超过1 000个商业代码库，发现96%的商业代码库含有开源组件，平均每个程序含有257个组件，代码库里开源组件的比例从36%增长到了57%，显示私有软件使用开源代码的比例在增长，很多私有程序包含的开源代码比私有代码多。虽然在今后相当长的时期里，开源软件和专有软件将会长期并存，但随着云计算、大数据等新一代信息技术的兴起，开源软件的发展更快，主要的网络信息服务提供商的服务基本上都是基于开源软件平台的。

开源软件有利于实行"引进消化吸收再创新"，例如国产操作系统大多都是基于开源软件发展起来的。以华为为例，从2006年至2011年，华为积极投入开源软件领域，并完成了从应用者到参与者，再到贡献者的角色转变，通过引进、消化、吸收，再创新，取得了很大发展。中国企业应当向华为学习，走华为走过的这一条正确的、行之有效的发展软件事业的道路。

中国工程院院士　倪光南

2020年3月

推荐序

改革开放 40 多年,我们国家制造业取得了很大的成绩。当前,我们正在从制造大国走向制造强国,这就需要通过软件提升我们制造业的技术含量,由中国速度向中国质量转变,由生产型制造向服务型制造转变,由粗放型制造向绿色制造转变,从而使得我们的产品从低端价格向高端价格方向发展。如何高质量发展,其中很重要的一点,就是靠工业软件、靠智能制造、靠数字制造、靠网络制造来提升我们的制造业的技术含量,提升我们制造业的管理水平。

大家很关注工业及工业软件的发展,而工业软件是我国工业高品质发展的一个短板,"以前矛盾不突出,现在不补就要命",面对国际产业竞争格局的变化,工业软件的高品质发展已成为解决工业高品质发展的关键要素。

工业软件的特点是什么?第一个特点是渗透性。工业软件已经渗透到工业领域各个要素、各个环节之中,是工业体系的血液和神经。第二个特点是融合性,已经嵌入到工业产品和硬装备之中,与业务流程紧密融合,成为工业装备中不可或缺的要素。第三个特点是工程性,按照工业流程的需要构建生产线的方式,组织工业活动。第四个特点是支撑性,工业软件全面支撑产品的研发、设计、生产、制造、经营、管理等各个环节,可以说离开了软件,我们一件事都做不了,软件非常重要。

工业软件的复杂性、高可靠性的要求,对开发者而言是一个非常艰巨的挑战。依靠高额的投资都很难做到的事情,用开源可以做得到吗?用开源做出的工业软件可靠吗？劝工业领域的企业家做开源是一件难之又难的事情。

工业软件采用开源软件及进行开源已是国际流行趋势。 开源在国际上已经有三十多年的历史，从弱到强，从异类到主流经历了一个漫长的过程。相信在国内推动开源，特别是工业领域的开源也并非易事。也不是写一两本书，讲几个案例就可以解决的。本书作者采用讲开源故事的方式进行，将开源在工业中的应用演绎清楚。通过书中讲述的几个故事，可以理解工业软件特别是开源的重要性，大家可以细细品味。通过历史的追溯和一个个活生生的案例，大家可以慢慢体会。仁者见仁，智者见智。

这里要提一下，浙江大学是国内最早开展具有自主知识产权的工业软件开发的单位之一，也是最早开展具有开源特点的工业软件的开发单位之一。围绕制造业数字化、网络化和智能化，开发了大量具有自主知识产权的 CAD、CAPP 和物流管理等软件，在一大批制造企业中得到成功的应用。我们也欢迎软件界的朋友，也欢迎制造企业的朋友有机会到杭州来，共谋发展。

中国工程院院士
谭建荣
2020 年 3 月

前言

第四次工业革命的新范式
开源——社会化协同创新

  我一直执着地按照工业革命的范式分析来探索第四次工业革命中本质性的变革，希望能够有序地借用第四次工业革命的契机。我所有的观点都来源于这样一种探索，试图去揭开德国工业 4.0 冰山下面的部分——知其然，并知其所以然。

  在过去几年间，我们已经成功地预测到 SOC 对于本轮工业革命的影响，这是硬件本身发生的巨大变化。我们预测到人工智能已成为本轮工业革命的重要支撑点，但为什么会在这个时代出现飞速的发展呢？这不得不让我们继续探索，最终，我们发现开源是当今众多创新的起点，过去的工业革命是发生在企业内部的创新，而第四次工业革命突破了封闭的企业体系，形成了社会化的创新体系。

  我的观念是：每一次工业革命都有其突破的地方。蒸汽机使人们提升了生产力；电力使得动力唾手可得；计算机使得我们可以精准地控制，复制出几乎一样的产品。而第四次工业革命将会怎样呢？无所不在的智能，像基础设施一样可以轻松完成知识的传承；我们发现从 1995 年之后，创新像打开了闸门，一发而不可收。其背后有一支重要的力量在推动，那就是开源。

  从 2018 年开始决定写这部关于开源工业互联网的书，到现在已经有一年多的时间了。这一年多时间里的变化是天翻地覆的。

为什么要写这部书？首先是一种直觉，我看到了国际公司的一种动向，当特斯拉开发出电动车之后立即进行了开源；当谷歌人工智能战胜了李世石之后，也在不久后公开了其核心的算法。这些事情的发生，我想有其特殊性，那背后的原因是什么呢？

人工智能在工业 4.0 开始兴起之后，我发现国内突然出现了很多人工智能公司。开始我只是根据思维习惯认为是一种概念的炒作，但伴随跟进，发现的确发展出了具体的技术；再观察团队，表面上大多冠以某某国外大学的人工智能专业；进一步分析之后，原来几乎全部采用了国外的开源人工智能的代码与算法，并结合了一个或几个应用场景。此时，我似乎嗅出了一些味道，这一点也希望读者不要感到失望，我之所以如此坦诚地讲述这种情况，更多是希望与我有相同经历的人能有所领悟。

另外一个非常有趣的事情是 2017 年的时候，周围有相当多的人找到我来合作区块链。非常有意思的是这些人很多都不是计算机专业的。我问他们如此复杂的系统是如何构建的，他们都讲自己有技术高手。当与这些技术高手进行深入交流的时候，他们讲到了分叉，再进一步交流就发现原来区块链是开源的，在开源的基础上进行了代码复制与修改。

我们从 2014 年开始专注工业 4.0，在深入研究工业 4.0 落地的过程中，发现工业 4.0 需要面对的一个重要挑战是其复杂性。我们思考与尝试过很多种思路，比如建立共同的标准、生态体系等，但最终还是要面对种种难以克服的困难，无论采用什么样的架构，采取多么灵活的 API 体系，往往由于其复杂性及多样性而形成很难克服的状态。当我们把眼光聚焦在德国企业的时候，往往更关注西门子等公司。我们注意到博世公司，发现这家公司虽然是一家德国公司，但其具体的做法更倾向于工业互联网，特别是他们非常早就开始采用开源的方法开发工业 4.0 的解决方案。我们继续跟进、研究，发现了德国工业 4.0 最核心的思想 CPS 及其落地的理念，其没有采用 API 的方式，而是采用了开源的模式。为什么不采用 API 而采用开源的模式呢？开源模式流行于美国，也就是说，德国人不仅吸收了美国人的 CPS 的理论体系，而且还试图接受美国人的软件思想，那这其中的深层原因又是什么呢？

面对工业互联网及工业 4.0，除了技术的可行性之外，由于机与机的互连、人与机的互连及机与人的互连，安全性变得非常重要。面对复杂的网络环境与国际竞争环境，我们突然发现这是一种刚需，我们也考虑过多层次互连的方案，然而安全性将无情地影响及时性与灵活性，再加上之前国际上发生的各种核心装备被攻击的事件，似乎要走进一个死胡同。然而顺着博世软件的技术路线，发现如果不采用 API 的模式，而采用开源软件的模式，似乎眼前突然一亮，代码可信，直接采用代码级的互连，采用可信的代码进行连接，不仅解决了连接的可行性，而且也解决了连接的可信性，以及提高了效率与灵活性。

当探索进展到这里时，发现重视与掌握开源是将工业 4.0 落地的重要保障。过去的种种疑虑仿佛都找到了答案，所有的线索再一次聚焦到美国的创新路线上来。我们发现很多系统集成公司由于数据接口的原因，个别设备无法连接而导致了项目的延期，进一步导致项目失败及尾款无法收回；由于独立开发 MES 系统，从头开始付出高额的成本，最终由于资金的耗尽，导致项目失败。我们也试图建议国家示范试点项目进行开放，往往由于各种原因只能用国家的资金为个别企业解决问题，并没有起到真正的示范作用。当然，我们也知道有相当数量的此类公司就是采用开源的代码进行落地的，这也再一次证明开源是一条大家都在走，而在国内没有说出来的路线。

随着各种线索引向开源之后，我们开始深入关注开源及其在各个领域的发展状况。一个非常震惊的事实摆在我们面前，世界上关于人工智能方面的研究与产品、技术几乎都是开源的。我曾经分享过《开源人工智能白皮书》，阅读完白皮书之后，我一下子明白了为什么在中国极短的时间内人工智能公司遍地都是。与一些工业互联网公司的技术人员交流时，更让我震惊，相当数量的工业互联网公司将开源系统进行重新封装而形成自己的平台系统。

当我将技术路线梳理到这里的时候，有些人会讲，你只要自己知道就行了，然后也像相当一部分企业那样，用开源的代码做闭源的项目，然后争取一些资金就可以了。的确，从某种意义上讲是可以的。然而回首五年来中国工业 4.0 的实践，相当数量的企业都是在低水平地重复着一些低水平的项目，看看具体的成果，会发现与国外不是相距更近，而是越来越远。事实要求我们必须将这一真实情况呈现出来。

在这个过程中，几个重要的事情对于我们开展这个工作起到了重要的作用。2018 年下半年，国际上接连出现了几起重要的并购案，包括 IBM 公司斥巨资收购红帽公司，与开源软件斗争了二十多年的微软公司收购了 GitHub 公司，Salesforce 公司收购了一家开源软件公司。与其他国际大型并购案引起的效应一样，国内的软件公司及过去做开源软件的公司也开始活跃起来，一些社区开始大量讨论开源软件及发展，此时主要集中在技术人员这个层面。在工业 4.0 及工业互联网的一些社区中，有人在讨论关于工业软件是否可以进行开源的事情，也有人创建了开源工业互联网联盟，并讨论这些事情，但谈的更多的是困难，是不可能，是开源之后不知道如何赢利。很多人的想法都非常简单：如果将代码开放给别人，那自己如何生存呢？其中也有很多人虽然口头上讲不能进行开源，其实他们正在做的事情就是将其他地方的开源代码引入，然后为企业或项目做着交付的事情。我也能明白他们的心理，如果这种事情让更多的人知道，那他们将面临客户的压价与更多人的竞争。从表面上看，在工业领域中进行开源将面临着比消费互联网领域更大的挑战与压力。

事情往往具有戏剧性，没想到中美之间的贸易摩擦反而再一次推动了中国开源软件的发展。特别是华为受到限制后，华为亮出了备胎系统，一个开源的系统同样也受到了美国的限制。这件事情最大的意义在于：一方面，让大家知道开源的重要意义，很多国内特别有影响力的公司都是以开源为依托发展起来的；另一方面，开源的认知从技术圈子中突破出来，开始让更多非专业人员、专业公司的高层、传统企业的领导层，甚至更多的政府官员明白了开源的重要性，以及开源如何让国际公司具有创新的领导力，其战略价值开始显现。至此，开源在中国进入了一个新的阶段。

更多企业的领导层认识到了开源的重要性、必要性。那么如何正确地导入开源战略？如何掌握开源这一重要的创新工具？如何选择合适的开源软件许可协议？从什么地方获得开源资源？如何适应开放式的协同创新？更多的现实问题摆在了大家面前。为了解读这些问题，除了听取专家的指导，更需要了解开源的真实发展历程、发展阶段。曾经发生了什么事情？为什么产生了开源软件及开源系统？哪些人做了哪些事情？这些公司采用什么方式进行赢利，并且参与商业的竞争？苹果与开源软件之间的关系，谷歌、Facebook、AWS 与开源软件之间的关系是什么？为什么美国制裁华为引起了大家对开源的关注？

本书会用更多真实的情况还原开源软件的真实发展历程及在中国的现状与趋势。希望从事工业 4.0 的企业与工业软件提供商能够利用这一契机，真正抓住本轮工业革命带来的机会。用开源对抗工业 4.0 系统的复杂性，用开放保证系统的可信性与坚固性。社会化的协同与创新有机会将工业 4.0 在中国高品质、高层次地发展下去。

以上想法全部来自作者的真实感受。在编写之初，由于资料有限，我主要看了几本经典的开源书籍，内容非常好，但都是专业技术人员之作，需要花费非常大的精力才能明白，而且还要有一定的技术背景。为此，我根据书中的一些线索，同时结合计算机、信息技术及人工智能的发展，将其进行融合，希望能以通俗的语言进行描述，以期政府相关政策的制定者、企业的董事长及高层能够理解，这样将更有利于开源在中国的更高水平的发展。

专业的技术人员在读完本书之后，可以进一步阅读《大教堂与集市》《开源软件文集》《乐者为王——李纳斯传记》《若为自由故》《Open Source 2.0：正在进行的演进》《创新者》《硅谷百年史》《开源：从社区到商业化》《为什么再也没有红帽：开源经济学》等专业书籍。当然现在还有很多原版的英文书籍也非常好，我消化之后也会分享给大家。如果读者希望动态了解新的动向，可以关注我的微博，我会将最新开源软件、开源硬件的动态分享在微博里。

相信本书内容对解决当下的问题、抓住未来的机遇有所帮助。

本书对开源软件三十多年来的发展历程进行了深入分析，重点关注开源技术创新与商业创新之间的相互作用。在技术演进过程中，开源软件从生死挣扎、找到商业模式到战胜闭源的专用商业系统，成为时代引领者、创新引领者；从问题提出、社区共鸣、主动奉献与项目孵化、产品打造与商业运营、资本青睐，每一步都凝聚着创新者不断攀登的历程。为了使得本书更具有启发性，作者将编写过程中所参考与检索的资料做成附录，以供读者更深入地研究。

本书重点是打通开源软件的创新逻辑与商业思维，没有关注技术细节。技术部分将在开源工业4.0系列图书中详细介绍。本书适合工业4.0、工业互联网、智能制造等领域创新者阅读，有助于创新战略选择、商业模式设计，对企业开源战略导入、构建、运营可起到指导作用，也可以作为政府制定开源软件产业政策的重要参考。

本书从酝酿到成书历时五年，作者从学习工业4.0的核心CPS出发，延伸到美国科技创新，多次到美国中部传统制造、西海岸硅谷（旧金山）、云谷（西雅图）等地的知名企业进行考察，亲身体验科技创新文化，认真体味其规模化创新发展的内在动因。美国的创新文化为什么出现在东海岸，兴起于西海岸？这种文化为什么直至2019年中美贸易摩擦之后才开始在国内兴起？编者希望导入开源理论体系，开源并非将代码进行公开就可以，需要关注文化内因、发掘本国开源内生力量，真正促进技术创新与商业创新。

因为要解决工业4.0落地的复杂性才研究开源，作者在研究的过程中找到了解决工业4.0复杂性的思路与方法，本书中将具体阐述。

在这里要非常感谢我的团队——工业4.0俱乐部全体同仁的支持，他们与我进行了深入的沟通，也感谢我的家人在整个编写过程中的支持。特别要感谢我的儿子，他还在读初中，很喜乐高积木，每当按照自己的想法做出各种新的造型时，会自豪地说：“爸爸，这是我的原创，没有图纸。”的确，开源也是这样的，在遵守专利的同时，让更多有想法的人或者遇到麻烦的人可以按照自己的想法去解决问题。各种迭代的创新就构成了一个时代的创新。

当静下心来看我们生活中的产品与服务时，开源已成为一个世界。开源在消费互联网中已经发挥了神奇的魔力；现在我们要向更深层次迈进，在工业互联网、智能制造等 B2B 领域中，用开源这把钥匙开启创新、迎接新世界的到来。

我要感谢工业 4.0 俱乐部的心飞扬、胡宝林、郭云平等的参与，还有盖勒普工程咨询公司蒋总对美国科技文化的指导，以及其他会员的支持。我会尽可能地将引述的内容出处进行说明，如有疏忽的地方，请读者指出，我将积极地进行修改。

当然也非常感谢电子工业出版社及编辑刘志红老师，是她鼓励我将此书最终完稿。期间我有过放弃的想法，但在她的鼓励下还是坚持写下来了。

感谢我的妻子，她给了我更多的理解与关心。感谢工业 4.0 研究院的胡权院长，我在与他的沟通中得到了很多的启发。

同时，也要感谢自由软件之父理查德·斯托曼、开源软件之父林纳斯、雷蒙德等开源软件的先驱们，他们为开源软件的发展、快速创新奠定了基础。

其实我最应该感谢全世界正在默默付出的所有开源的贡献者们，是你们的实践让我有机会写出这本书，在此表示真挚的敬意。

工业 4.0 俱乐部 创始人 杜玉河

2019 年 11 月 26 日 上海

目录

第 1 章　开源的世界 / 1

第 2 章　竞争与创新——开源的前世今生 / 5

　开源的复兴时代 / 10

　开源历史：从自由软件到云原生 / 13

　　开源 0.0：大型机时代"免费软件" / 14

　　开源 0.1：工作站时代——UNIX 系统的内战 / 15

　　开源 0.2：自由软件时代（GNU 工程）——大教堂式的开发 / 15

　　开源 0.9：自由软件阶段（GNU/Linux）——集市模式的诞生 / 20

　　开源 0.99：Linux 互联网生态体系的诞生（LAMP） / 21

　　开源 1.0：开源软件定义——包容的生态 / 23

　　开源 1.1：资本驱动下的开源盛宴 / 27

　　开源 1.2：开源分布开发时代 / 32

　　开源 2.0：开源云时代——SaaS（平台的力量） / 34

开源 2.1：移动时代——开放核心时代（生态的竞争） / 39

开源 2.2：开源云原生时代（云生态的竞争） / 47

开源 3.0：开源软件的复兴与物联网 / 52

小结：开源的启示 / 58

第 3 章 开源的良性循环：技术创新与商业创新 / 61

开源成功的主要因素：三大支撑 / 63

项目-社区契合度 / 64

产品-市场契合度 / 65

价值-市场契合度 / 65

选择商业模式 / 66

云服务和开源公司竞争的护城河 / 67

进入市场：开源是营销漏斗的顶端 / 69

第 1 阶段：对开源产品的认识和兴趣——开发者社区管理 / 69

第 2 阶段：深思熟虑——产品管理 / 70

第 3 阶段：评估和意图——潜在客户和业务开发 / 71

第 4 阶段：采购和扩张——内部和现场销售 / 72

成功和失败是什么样子 / 72

OSS3.0：开源是每个软件公司的一部分 / 74

第 4 章 开源软件的繁荣背后的秘密 / 75

开源模式的创新体系 / 77

目 录

开源与博弈论、长尾理论 / 80

  故事一：Airbnb 的开源驱动力 / 81

  故事二：Netflix / 87

开源是一种竞争策略 / 91

  故事一：福特的汽车发动机专利分享（工业 1.0）/ 93

  故事二：特斯拉交流电动机（工业 2.0）/ 96

  故事三：IBM 与 PC 个人电脑（工业 3.0）/ 97

  故事四：Linux 战胜微软操作系统（工业 3.0～工业 4.0）/ 97

  故事五：埃隆·马斯克与特斯拉智能汽车（工业 4.0）/ 99

第 5 章　为什么只有开源，工业互联网才能成功 / 101

  故事一：博世软件创新与开源物联网套件 / 103

  故事二：通用电气（GE）与开源 / 109

  故事三：西门子的工业互联网与开源 / 109

  故事四：实时 OPC UA PubSub Publisher / 115

  故事五：SAP——各种开源项目软件的幕后贡献者 / 116

第 6 章　工业互联网怎样开源才能成功？ / 119

B2B 业务与 2C 业务的差别 / 121

B2B 企业如何实现商业上的成功 / 123

B2B 产业互联网的成功故事 / 124

  故事一：Amazon 公司 / 124

故事二：Zapier 公司 / 126

结束语　开源工业互联网宣言 / 131

附件 A　开源大事记（1961-2019） / 137

　　开源 3.2：开源迎来中国时代——全球化的机遇与挑战 / 140

　　开源 3.1：开源的恐龙时代——大企业全面参与开源 / 146

　　开源 3.0：开源物联网时代：走向复兴 / 149

　　开源 2.2：开源云原生时代 / 150

　　开源 2.1：开源移动时代 / 153

　　开源 2.0：开源云时代 / 154

　　开源 1.2：开源分布开发时代 / 159

　　开源 1.1：资本驱动下的开源盛世 / 160

　　开源 1.0：开源软件定义——包容的生态 / 161

　　开源 0.99：Linux 互联网生态体系的诞生（LAMP） / 163

　　开源 0.9：自由软件阶段（GNU/Linux） / 165

　　开源 0.2：自由软件阶段（GNU 工程） / 166

　　开源 0.1：工作站时代——UNIX 系统的内战 / 167

　　开源 0.0：软件独立，操作系统成型——UNIX / 168

附件 B　全球主要开源公司情况简介 / 171

附件 C　开源软件的重要奠基人 / 187

　　理查德·马修·斯托曼：自由软件运动发起人 / 189

Anderw S.Tanenbaum：Minix 的作者 / 189

林纳斯·本纳第克特·托瓦兹：Linux 之父 / 190

艾瑞克·雷蒙德：开源软件的创始人之一 / 190

鲍勃·扬和马克·尤因：Red Hat 创始人 / 190

布鲁兹·佩伦斯：Debian 创始人 / 191

Michael Tieman：Cygnus 公司创始人 / 191

Larry Augustin：VA Linux 系统公司创始人 / 191

Brian Behlendorf：Apache 之父 / 192

Matthew Szulik：Red Hat 公司主席兼首席执行官 / 192

Marc Benioff：Salesforce 现任董事长 / 193

Guido van Rossum（吉多·范罗苏姆）：Python 创始人 / 193

Solomon Hykes（所罗门·海克斯）：Docker 创始人 / 194

Martin Fowler：微服务之父 / 194

Joe Beda（乔·贝达） / 194

伊戈尔·赛索耶夫：Nginx 创始人 / 195

William Morgan：Service Mesh 的创始人 / 195

Martin Casado：SDN 之父 / 195

帕特里克·德布瓦（Patrick Debois）——DevOps 的发起人 / 196

安德鲁·克莱·沙弗（Andrew Clay Shafer）——DevOps 的发起人 / 196

附件 D 开源基金会 / 197

云原生计算基金会 CNCF
（Cloud Native Computing Foundation） / 199

Linux 基金会 / 200

Apache 软件基金会 / 201

自由软件基金会（FSF） / 201

Eclipse 基金会 / 203

附件 E 开源许可证 / 205

GNU GPL：GNU 通用公共许可证 / 207

GNULGPL：GNU 较小通用公共许可证 / 207

Apache 许可 2.0（Apache-2.0） / 207

3 条款 BSD 许可证（BSD-3-Clause） / 207

2 条款 BSD 许可（BSD-2-条款） / 207

MIT 许可证（MIT） / 208

Mozilla 公共许可证 2.0（MPL-2.0） / 208

通用开发和发行许可证 1.0（CDDL-1.0） / 208

Eclipse 公共许可证 2.0（EPL-2.0） / 208

附件 F 开源社区 / 209

开源社区的定义 / 211

国内主要开源社区 / 211

国际主要开源社区 / 214

开源软件促进会 / 217

华为开发者社区 / 217

开源中国 / 217

码云社区 / 217

参考文献 / 219

第1章

开源的世界

第1章 开源的世界

世界的变化有时轰轰烈烈，有时润物细无声，这是一种境界，开源的发展历程就是如此。

开源软件（OSS）运动所创造的一切对于人们非常重要。操作系统、网页浏览器、网络服务器、电子邮件、数据库、开发工具、电子商务、社交软件、智能汽车、手机、容器、微服务、移动互联网、物联网、云计算、大数据、人工智能、芯片设计、区块链、智能装备、智能家居、智能制造、智慧城市等都已离不开开源。开源带来了惊人的技术创新，可以说，如果没有开源软件，世界将无法运转，或者说无法像如今这样良好地运转。

在过去的 30 年中，开源运动已经完成从局外人到主流渠道的变轨超越。开源软件（OSS）社区活跃在世界各国。2010 年的一项调查显示，98% 的企业已使用开源软件。

那么开源软件的商业创新发展又是什么样子的呢？伴随着软件即服务（SaaS，Software as a Service）的兴起，开源软件在技术成功的同时，商业上也取得了成功，进一步加快了社会协同创新运动的发展。由于开源软件本身的特征：任何人都可以自由使用、修改和分发，其在商业创新方面与其他类型的软件相比，所经历的道路更加曲折，所采用的业务模式与众不同，进入市场的策略更不同，本书后续会进行详细论述。

我们坚信，现在正是建立一个开源业务的最佳时机。商业创新对于开源运动来说至关重要。本书不仅要讲述开源的前世今生，还要努力梳理开源的商业创新，以及商业创新的具体方法（即如何将一个开源产品推向市场的参考框架），并通过案例，剖析那些建立在开源项目基础上的大公司是如何崛起的？

针对开源的商业创新，本书参考了《开源文集：开源革命之声》中红帽公司的商业模式，其中用通俗的比喻讲述了当时如何用服务进行商业赢利；也参考了彼得·莱文（Peter Levine）《开源：从社区到商业化》一文。读者如果希望了解更多内容，可以在网上查找。彼得·莱文在开源领域工作了几十年，最初是麻省理工学院 Athena 项目和开放软件基金会（Open Software Foundation）的一名开发人员，后来成为 XenSource 公司的首席执行官，在过去的 10 年里，他在许多与开源相关的公司的董事会工作过。从开发人员到董事会成员，他目睹了开源软件行业的发展，其观点有现实感与可借鉴性。本书还参考了 *Growth, Sales, and a New Era of B2B*，这篇文章简要地阐述了在 B2B 企业中开源软件如何进行赢利。这一点也正好解决了在工业互联网时代，企业如何在技术创新的同时实现商业创新的问题。

那么，开源软件是如何做到技术创新与商业创新协同发展的？如何静悄悄地影响世界的发展？经历了哪几个阶段？遇到过哪些问题？做了哪些创新？出现了哪些关键人物？形成哪些商业模式？催生了哪些著名的企业？接下来，我们将带领大家共同探索开源软件如何从一个人的想法，变成时代的强音？欢迎大家与我共同揭开竞争与创新——开源的前世今生。

第 2 章

竞争与创新——开源的前世今生

第 2 章 竞争与创新——开源的前世今生

从 1969 年开始，软件从计算机硬件中独立出来，经历了 50 年的发展；从 1985 年理查德·斯托曼撰写 GNU 宣言，自由软件经历了 35 年的发展历程；1989 年，开源软件促进会成立，其也经历了 30 年的风雨历程；全球开源软件从诞生到艰难起步、第一次高潮、推动云计算发展，再到云原生，一次又一次引领世界创新的浪潮。历史不是太长，而由于时间太近，总会感觉整体上不那么清晰。"不识庐山真面目，只缘身在此山中。"

为了让读者对开源软件发展有更好的时代感，本书采用倒计时的方法，将 2019 年作为纪事的起点。开源软件在国际上已经发展了三十多年，还在快速发展，中国的开源软件也在发生着巨大的质的变化。

技术创新从单体架构、垂直架构、面向服务架构（SOA）到微服务架构的演进；同时，商业创新从提供服务，到开放核心技术及软件即服务（SaaS）的商业模式的变迁，开源还在继续演进中……相信大家处在这个时代，相当于进了一个开源软件博物馆。

在开源的每一个时期都有其主要竞争对手，同时，由于竞争的阶段与环境不同也产生了不同的商业模式，参见表 2-1。

表 2-1 不同时代商业模式列表

BSD GNU/Linux	主要竞争方：UNIX（AT&T）	小型机时代	提供服务
GNU/Linux	主要竞争方：Microsoft	PC 机时代	提供服务 自主可控
Android	主要竞争方：Apple	移动时代	开放核心与封闭系统
Google	主要竞争方：AWS	云时代	SaaS 软件即服务
Huawei	主要竞争方：Google	物联网时代	软硬件的融合

开源最初只是一种非主流的软件开发活动，现在在欧美成为软件开发的主流。

在中国，开源软件导入的时间早，时间也比较长。1994 年，Linux 系统就被引入国内，开源软件的发展也正式开始。出现了红旗 2000、中标软件等企业。从软件发展总体情况来看，其特征是，以闭源的模式进行开发与销售。需要说明的是，在中国使用开源软件的企业比较多，也不乏一些企业使用开源软件进行开发，然后加一个外壳程序，以商业软件进行销售，甚至打着自主创新的晃子。有些做项目的公司，通常是用开源软件进行再开发的，或转为闭源软件进行销售的，或项目结束后，软件也就被束之高阁。

互联网公司的平台通常都是以开源软件架构为基础的，然后在此基础上做二次开发。由于卖得不是产品，只是服务，因此，也没有人关心是开源的，还是闭源的。对于开源与否，大家也不怎么关心。"用开源，而很少为开源社区做贡献"是在2018年以前的中国开源软件的真实写照。

开源形势的转变是在2018年，两方面的因素促成这种变化。这一年，国际上发生了几笔重要的收购案，金额之大，让所有企业感到目瞪口呆。国内资本与企业家开始加大这方面的关注。另一件事情是中美贸易的摩擦，华为等企业被列入美国实体企业名单。特别是华为手机采用的是谷歌公司的安卓操作系统，本以为开源软件没有国界之分，最终结果是开源软件的许可证是受国家的出口管制限制的，开源从被专业人士关注，上升到被社会人士关注。从另外一个角度看，华为用行动与成果证明在中国开源也具有其现实的意义与可操作性。

华为的行动，目前在国内再次掀起了开源的热浪。从当下的各种组织与各个企业的参与和行动可以看到这一点。特别是倪光南院士的四处奔波与宣传。相信大家已经相信开源这件事情，现在不是说要不要做的事情，而是如何做好的事情。

中国正在发生变化。百度公司，对于开源中国的投资是一个重要的信号。

在中国，开源正欣欣向荣地发展。我希望，我的书能够对大家有所帮助和启发。

鉴于开源软件的重要性，以及开源软件的价值已经呈现。之前采取低调开源的消费互联网企业开始公开宣布自己的开源战略。至此为止，中国的开源软件发展进入一个新的阶段，消费互联网做开源已经是一件非常正常的事情。消费互联网之所以能够对传统的消费行业进行颠覆，其中一个隐性的竞争力是采用了开源软件，与世界互联网的技术能够保持同步。

那么，在工业领域，特别是在工业互联网领域，开源又是一种什么样的状态呢？

过去，在与工业软件领域的创业者或开发人员谈论开源的时候，大家都坚持不愿意开源。不愿意开源的观点非常明确：

"有谁傻到将自己辛辛苦苦开发的程序代码贡献出来？"

"在当下国内的竞争环境下，对于知识产权保护不到位，开源等于企业自杀？"

"如果企业无法正常经营，那么不用说给社会做贡献，即使是自己也无法养活。"

如果我们查阅开源软件的发展史，可以将我们带回到美国43年前，比尔·盖茨写给家酿俱乐部发烧友们的那封信。为了更好地对比国内的情况，我们将完整呈现这封信的原文翻译内容。这样，我们用历史事实来对照这种变化，理解开源软件是如何从弱到强，从非主流到主流，再到创新源动力的。

致电脑发烧友的公开信

大概在一年前，看好发烧友市场的保罗·艾伦和我本人聘请蒙特·达维多夫共同开发了 Altair BASIC。尽管最初的开发只用了两个月，但我们三个人去年几乎花了一整年时间为 BASIC 建立文档，并持续改进和添加特性。现在我们已经开发出 4K、8K、加强版、只读存储器版和磁盘版的 BASIC。我们使用的计算机时长价值已超过 40 000 美元。

我们收到了数百名 BASIC 使用者的反馈，他们都给出了积极的评价。但我们却遇到了两件显然出乎我们意料的事情：其一，这些"用户"中的大多数从未购买过 BASIC（在所有 Altair 用户中，只有不到 10%的人购买了 BASIC）；其二，我们从发烧友那儿收到的使用费如果换算成开发 Altair BASIC 的劳动价值，还不到一小时两美元。

为什么会出现这种局面呢？其实大多数发烧友肯定也意识到了，你们中大多数人的软件都是盗用的。你们认为硬件必须要花钱买，但软件则应该免费分享。谁在乎软件开发者能不能获得报酬呢？

这公平吗？你们盗用软件之后，就不会再找 MITS 来解决你们可能碰到的问题……而你们导致的结果则是，今后不会再有人愿意去写出色的软件了。谁能分文不取地从事专业工作呢？哪个发烧友能为编程、找漏洞和编写文档投入相当于三个人干一整年的工作量，然后免费发放产品？事实在于除了我们之外，还没有人在面向业余爱好者的软件上投入过这么多资金。我们编写了 6800 BASIC，现在正在编写 8080 APL 和 6800 APL，但现在几乎没有什么动力让我们继续向发烧友提供这些软件。用最直白的话说就是，你们的所作所为就是盗窃……

欢迎任何想掏钱购买软件的人给我来信，也欢迎给我提出建议或意见。请把信寄到：新墨西哥州阿尔伯克基，阿尔瓦拉多大道东南 1180 号 114#，邮编 87108。我最开心的事情莫过于能招到 10 名程序员，为发烧友市场提供大量出色的软件。

比尔·盖茨

微软普通合伙人

当我们看完这封信的时候，相信大家立即可以感受到：现在中国还有多少人的想法，与当年比尔·盖茨的想法一致。然而，更多人不知道在 21 世纪第一个 10 年结束后，林纳斯自豪地宣布，开源战胜了微软。从 2014 年微软宣布拥抱开源，到微软以 75 亿美金收购 GitHub。这个世界早已发生了巨大的变化。

那么，事情是如何进行演化的呢？让我们一起回顾 30 年来，开源走过的波澜不兴的历程。

开源的复兴时代

因为工业 4.0 的复杂性，单纯通过制定标准是很难解决系统之间的融合的。通过 API 的方式进行系统打通，既缺乏系统效率，也不能保证系统真正的安全性。因此，开源是工业 4.0 发展的重要保证措施。没有开源，封闭的黑盒子无法让人相信是安全的，也很难讲是自主可控的。我们在开始做工业 4.0 时就开始关注开源，首先是研究工业 4.0 的本质与实现的机理。越深入研究，越感觉开源是工业 4.0 真正落地的必选之项。那么，如何在工业领域推动这一运动的发展呢？

如果单纯从技术角度上去推动开源，其实不用开始就可以想象其结果。因为在国内过去这么多年的实践已充分证明了这点。解决问题必须从根部解决，抓住要点是关键。能否赢利，能否获得比闭源更多的回报是基础，这一点不解决，去劝别人开源，根本是行不通的事情。怎么办？

我们的思路是在推动开源的时候，首先解决开源能否赢利？如何赢利？以及如何构建商业模式？当时计划走的路线是：工业 4.0 是复杂工程，面对复杂工程，共同创新是必经之路。鼓励共同创新，开源是共同创新的有效方法。

有时，做得早，不如做得巧。在我们开始推动这项创新工作的时候，周围世界发生了很多变化，这些变化后面会详细介绍。于是，我最终决定不去说服别人，我想只要将尽可能多的事实呈现给大家，相信每一个人都是有智慧的，并能够做出他认为正确的选择。

2018 年开始有几则收购的新闻引起了我们的注意，当然也让很多投资人与创业者兴奋。

① 2018 年微软以 75 亿美元的价格收购 GitHub。GitHub 是开源社区的核心，某种程度上是社交网络和项目管理工具之间的交叉点，它是迄今为止同类网站中最大的开源社区。无数公司和组织在上面托管了开源软件项目，包括苹果、亚马逊、Facebook、谷歌、沃尔玛和美国政府。据微软称，GitHub 拥有 2 800 万名用户，8 500 万个代码库。它还为许多付费使用其私人托管服务的公司提供专有代码和内部通信服务。

其新闻点在于：微软是著名的闭源软件公司，而 GitHub 是一个开源的社区托管平台。这样的收购，再结合当年比尔·盖茨的那封公开信，还有这些年来开源社区与微软公司发生的种种矛盾。其历史意义当然不可低估。还有就是收购金额，也足以让人感到震惊。

② 2018 年，IBM 公司宣布，斥资 340 亿美金收购 Red Hat（红帽公司）。这一并购交易的总金额超过了当年微软公司。262 亿美金收购领英，成为软件业界中金额第一高的收购。IBM 寻求硬件及咨询业务的多元化，增加高利润产品和服务。值得注意的是，此次交易不仅是 IBM 迄今最大的一次并购，也是美国科技史上第三大交易。IBM 首席执行官 Ginni Rometty 表示："收购红帽是改变游戏

规则的行动，IBM 将成为世界第一大混合云提供商，为其他公司提供唯一的开放云解决方案，为他们的业务释放全部云价值。"

新闻热点在于：IBM 是红帽的长期合作伙伴，也是开源软件的重要支持者。而红帽是开源社区第一家上市公司。其收购金额高达 340 亿美金，一方面证明红帽公司的价值，另一方面也足以证明开源软件的价值。

③ 2018 年 3 月 21 日，Salesforce 收购 MuleSoft。以 65 亿美元收购企业软件整合上市公司 MuleSoft。这是在线客户关系管理和相关软件提供商 Salesforce 迄今为止最大的一笔收购，表明这家云厂商看到了 MuleSoft 巨大的战略价值。Salesforce 表示，将为收购 MuleSoft 支付每股 44.89 美元，比前一天收盘价高出 36%。两家公司表示，这次收购 MuleSoft 每股价值 36 美元现金，外加 Salesforce 普通股 0.071 1 股。

这个新闻的价值在于：Salesforce 是第一家开源 PaaS 平台的企业。足以表明，开源软件平台也在借助资本的力量进行市场争夺。

当然，大家也知道在 2020 年年初，有一则重要的新闻就是谷歌希望能够以 2 000 亿美金的价格收购 Salesforce。当然现在结果还没有出来，但开源软件公司的价值已完全被市场认可。

以上三笔大型的并购案，预示着开源软件的复兴。接下来，梳理一下这些年来开源软件获得投资的情况。

我们认真观察在开源领域的投资情况，会惊奇地发现过去的 10 年正是开源软件复兴时期。过去的 30 年，大约有 200 家公司以开源作为核心技术，已经筹集了超过 100 亿美元的资本。在过去 10 年里，筹集（交易）规模有一种越来越大的趋势。再认真分析，四分之三的公司和 80% 的融资都是在 2005 年后完成的（具体原因与特征，我们在后面会做详细的分析）。我们不得不承认开源正处于复兴的开端，因为这些投资带来了更大规模的 IPO 和更大规模的并购交易。

2008 年，MySQL 被 Sun 微系统公司（后者被甲骨文公司收购）以 10 亿美元的价格收购。多年来，10 亿美元一直是一个难以逾越的标杆，因为开源软件被软件行业视为一种商品，而 10 亿美元则是 Sun 公司能够给出的最高价码。

然而，事情正在发生着变化，看看我们上文提到的几起案例，以及包括 Cloudera、MongoDB、Mulesoft、Elastic 和 GitHub，它们都成为数十亿美元 IPO 或者并购交易的一部分。特别是上文提到的红帽（Red Hat）公司。这家公司 1999 年，以 36 亿美元的价格上市，而 2019 年，它以 340 亿美元的价格卖给了 IBM。这是目前开源领域的最新标杆。那么，在未来，是否会有新的标杆出现，还需要拭目以待。

我们还可以看到开源也正在扩展到软件的更多领域。传统上，开源软件主要是围绕企业基础架构来开发的，例如数据库和操作系统（如 Linux 和 MySQL）。随着当今开源的复兴，几乎所有行业都在积极发展开源软件，例如，金融科技、电子商务、教育、网络安全等。

那么，开源复兴的背后是什么？为了理解这一点，我认真地梳理了开源软件发展的完整历程（具体可以参考附件 A《开源大事记》，我组织俱乐部的伙伴们，通过网上查询梳理，并到硅谷实地采访企业，探寻开源发展的历史）。

这里值得一提的是位于硅谷的计算机历史博物馆给了我很多的启发，每一个实物，每一张历史图片，每一个视频，都在述说一个时代的变迁。

接下来让我来为你揭开开源软件的真正面目，以历史为依托再进一步探讨其成长的奥秘与商业成功之路。

开源历史：从自由软件到云原生

开源发展历程如图 2-1 所示。

开源历史：从自由软件到万物互联

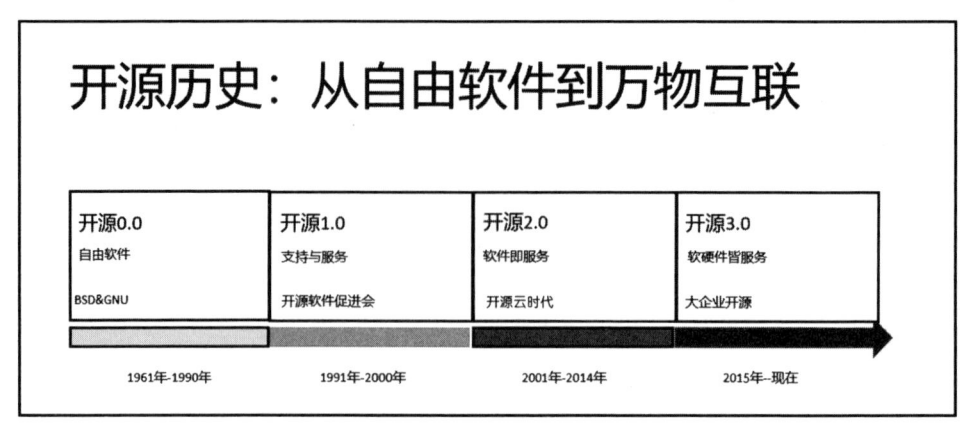

开源0.0	开源1.0	开源2.0	开源3.0
自由软件	支持与服务	软件即服务	软硬件皆服务
BSD&GNU	开源软件促进会	开源云时代	大企业开源
1961年—1990年	1991年—2000年	2001年—2014年	2015年—现在

图 2-1 开源发展历程

▶▶▶ 开源0.0：大型机时代"免费软件"

开源始于20世纪70年代中期，程序员通常把这个时代称为开源0.0："免费软件"时代。那时的学术界和业余软件爱好者中流行的风气是：开发出软件，免费提供给大家使用。随着ARPANET（注：美国国防部高级研究计划局组建的计算机网）让位于互联网，通过网络进行开发协作和交换代码变得更加容易了。

在这一时期，由于其项目大多为政府资助的项目，这些"免费软件"开发背后的资金，通常都是在使用正常科研经费，是以大学或企业研究资助的形式出现的。而这些软件大多数要么是为了解决自己所遇到的困难而自行开发的，要么是为了满足自己的爱好而开发的程序。

最为典型的案例就是UNIX系统的产生。回顾UNIX诞生这个历程，也非常具有戏剧性，一个政府资助的项目（Multics），由于项目复杂性很高，没能达到预期的效果，作为项目的参与者，为了更好地满足自己的爱好玩一个游戏（星际旅行），自主进行系统的改进，无意中开发出了UNIX系统。这一软件成就了改变世界的壮举。其特征是：操作系统不再与计算机硬件进行绑定，也就是其具有兼容性与可移植性。同时，为了更好地做这件事情，还创造出C语言。而纵观整个计算机及软件发展的历程，这种事情不是个案（Linux的发展也是这样一个过程）。

在这个阶段，由于资金有来源，所以也没有什么商业创新或商业模式，好用即可。

开源 0.1：工作站时代——UNIX 系统的内战

在这个阶段，主要是小型机与工作站之间的竞争。由于在 BSD 的 UNIX 系统的成功，可以使工作站的成本迅速下降，因此也带来了工作站的快速发展。正是因为 BSD 的 UNIX 系统繁荣时，AT&T 解禁，因此带来了历史上第一次开闭源系统之间的竞争。

具体的竞争过程，我们不做更多的介绍，更多的是分析此时的商业模式。这个阶段资金的来源与第一阶段相同，主要来自政府资助与学院的经费。其商业模式主要是降低系统的综合采购成本，促使工作站的面世，以及争夺小型机的市场。

由于 BSD 与 AT&T 的官司，给了个人计算机发展的良好机会。此时，个人计算机开始悄悄走上历史的舞台。

本阶段商业模式如下。

利用免费软件创新，降低系统成本，推动工作站的销售，以软件带动硬件产品的市场。这种模式是后续硬件产品供应商普遍采用的一种模式，它降低了客户的综合拥有成本。硬件厂商往往为了区别其他厂商，还会进一步测试性能，提高效率。这样也加速了开源的发展。

开源 0.2：自由软件时代（GNU 工程）——大教堂式的开发

1985 年，理查德·斯托曼发表了著名的 GNU 宣言，正式宣布要开始进行一项宏伟的计划：创造一个完全自由、兼容 UNIX 的操作系统。他提倡自由复制，源码共享。

由理查德·斯托曼发起 GNU 工程，并建立自由软件基金会。当时资金的来源，有以下几个方面。

- 黑客们以代码捐赠的方式提供程序；
- 斯托曼个人通过对企业进行培训及咨询获得相应的报酬；
- 当爱好者希望获得自由软件的时候，适当支付软件的邮寄费用。

除了商业逻辑之外，还表现为自由软件的一种精神。用斯托曼自己的意思表达，如下所述：

> 为什么我必须编写 GNU？我认为金科玉律应该是：如果我喜欢一个程序，我必须与其他喜欢它的人一起共享。软件销售商想分割用户，并统治他们，让每一个用户同意不与其他人共享软件。我拒绝以这样的方式破坏与其他用户的团结。

我们组织会员一起认真阅读了《若为自由故》这部理查德·斯托曼的传记。结合其他人写的文章，可以清楚地看出在这个阶段他们为软件的开源奠定了坚实的基础。虽然至今自由软件与开源软件还在齐头并进地发展，但依然存在一些争议。

- 技术基础：按照不重复发明"汽车轮子"的原则，对照 UNIX 系统构建除了内核之外，几乎所有软件开发必需的工具，包括编辑器、编译器、调试器等工具。

- 商业根基：与社区中的律师们一起发明了 GNU 的通用发行协议 GPL，成功将专利保护与自由软件有机结合在一起。也正是由于这个协议，为更多有志于开发自己有兴趣的程序的开发者们带来一种保护机制。

- 资金筹措机制：基金会的模式，这种模式既可以解决捐赠者和接受者需求，同时也可以让自由软件社区的专职人员有一个比较稳定的收入来源。这种机制最终会成为开源软件发展的标配。

- 开源软件的启动模式：开源软件并非是从一个新的程序开始的，它可以根据自己的需要，对照闭源软件进行开发，这就是后来谈到的著名的"大教堂"模式。

● 商业模式的尝试：比如与 Sygus Solution 公司的合作，用自由的软件代码为企业定制系统。周期短，效果好，效益高。具体案例如下。

案例分析：Cygnus Solution 公司

说明：本案例参考《开源软件文集——革命之声》中《Cygnus Solution 的未来：一个企业家的现身说法》。

公司简介：

Cygnus Solution 成立于 1989 年，根据 Forbes 杂志 1998 年 8 月的调查，它是第一家并且是当时最大的一家自由软件商业公司。Cygnus Solution 已经完成了它的主要产品——GNU Pro Developers Kit（一流的编译器产品，也是嵌入式软件工具市场上一流的调试器产品）。Cygnus Solution 的客户有世界上最大的微处理器公司，也有一流的消费类电器公司、互联网公司、电信公司、办公自动化公司、航空公司和汽车公司等。公司的总部设在加州，在佐治亚州的亚特兰大、麻省的波士顿、英国的剑桥、日本的东京、加拿大的多伦多都设有办公室，从澳大利亚到俄勒冈都有远程工作的雇员。Cygnus Solution 是在嵌入式软件工业领域最大的私人公司，它占领了市场的三分之一的份额。自从 1992 年以来，Cygnus Solution 已经连续三年被 San Jose Business Journal（圣荷西商业杂志）列为前十家成长最快的公司。现在公司已经进入软件业前 500 强（按照全球的软件业务营业额排名）。

这是一群有先见之明的人，他们利于自由软件的特点，通过实践开发出有竞争力的产品的同时，也开发出最早的自由软件的商业模式。

商业模式一：利用自由软件的特点：可以自由地复制/修改软件，为企业定制系统。

1987 年 6 月，Stallman 推出了 GNU C 编译器（1.0 版本），Cygnus Solution 公司的 Michael Tiemann 从网络上下载了它，借助于他之前从 Emacs

和 GDB 中学到的技巧迅速地学会了这个软件的 110 000 行代码。在第一版中，Stallman 的编译器支持两个平台：VAX 和新的 Sun3 工作站。Michael Tiemann 发现在这两个平台上，GCC 生成的代码比原平台供货商提供的编译器产生的代码更好。两个星期后，他将 GCC 移植到了一个新的微处理器上，也就是国家半导体公司（National Semiconductor）的 32032 芯片，结果是编译效率比 National Semiconductor 提供的专有编译器要快 20%。Michael Tiemann 又花了两个星期的时间，将这一差距扩大到了 40%。

从这个案例中我们可以看出，首先，自由软件（我在这个阶段用自由软件表述）的好处一目了然，也就是由于是开放的源代码及开放的学习手册，可以使用户用较短的时间掌握核心技术；其次是开源平台的性能，为客户创造价值是开放源代码的根本所在。

商业模式二：事实标准——用开源软件创建和维护标准，取得话语权，抢占市场的制高点。

如果能让优秀的人才设计软件，而且这种软件能成为明天的标准先例，那将是一项具有巨大价值的事业。我们一开始就相信人们会理解这一价值命题，而且他们会衡量这一机会的价值，并且付钱给我们去创造高质量、开源的程序，而且这些程序将会成为软件世界里"事实上"的标准。

GNU Pro 项目的成功：通过集中精力"按照工程师的思考习惯决定，最快达到这些经营规模的办法是不留情面地将精力集中在开源技术上，以便我们能够合理地将它们作为一个有用的方案销售出去……焦点越小，形成一些概念上的规模就越容易。"

在这种理念的指导下，他们用自由软件打包了 GNU Pro 产品，通过建立内部的代码管理平台，创新了各种配置机制，完善工具链，建立销售体系等，为专业人员提供集成的高质量工具包，赢得客户的信任，成为这个领域中的事实标准。

那么后续有人希望采用同样方式在市场上竞争时会有什么差别呢？怎样保持领先呢？因为开源拥有较多的原创人员及核心力量。所以，客户还是最终选择了开源。

商业模式三：合理的采取开闭源的商业策略。

具体表现为开源取消了一些管理人员的管理资格，因为开源不能接受为公司创造一个"闭源的元件"（closed-source component）。开源软件是一种商业战略，不是一种哲学。采取合理的开闭源策略，可以构建较为稳定的赢利模式。而这种模式也将成为后来一些企业的参考模式。

商业模式四：创新出新的产品与市场。

GNU Pro 好的性能，是否同样适用于嵌入式软件呢？事实上，他们利用配置模式，在打包之前的技术及增加一些客户需要的新的功能的基础上，成功构建了 eCos。eCos（embedded Configurable operating system），中文翻译为嵌入式可配置操作系统或嵌入式可配置实时操作系统，适合于深度嵌入式应用，主要应用对象包括消费电子、电信、车载设备、手持设备及其他一些低成本和便携式应用。eCos 是一种开放源代码软件，无任何版权费用。eCos 具有很强的可配置能力，而且它的代码量很小。它的最小配置形式是它的硬件抽象层 HAL 所提供的引导程序 RedBoot，可以支持很大范围内许多不同的处理器和平台。它的最大配置形式是一个完整的实时操作系统，所提供的服务和支持能与其他大多数商用实时操作系统媲美。eCos 为开发人员提供了一个能涵盖大范围内各种嵌入式产品的公共软件基础结构，使嵌入式软件开发人员可以集中精力去开发更好的嵌入式产品，而不是停留在对实时操作系统的开发、维护和配置上。

注：以上内容摘自 CSDN 博主「半斗米」的原创文章。原文链接：https://blog.csdn.net/zoomdy/article/details/14051615。

商业模式五：模式创新取得融资。

1997年上半年，Cygnus Solution获得了六百二十五万美元融资。这个原因也非常简单，他们创造了世界上第一个开源体系。最终这家公司被红帽（Red Hat）公司收购，很多人一直留在这个公司，成为开源软件商业模式的重要奠基人。

本案例成功之处在于真正理解了自由软件（或后来的开源软件的本质）：开源软件能联合全世界程序员的努力，而且在这些软件提供商业服务的公司的经营（定制、增强、清除BUG等）下，使新的软件形成品牌来聚积资本。

正如Michael Tiemann下面这段话所说，自由软件是开启一个时代的钥匙，打开"获得技术自由市场内在效率的大门"。

Internet产生于开源软件，Internet成了不可思议的开发新开源软件的动力。人们通过开源软件连接到Internet上，目睹开发和使用软件方式的变化。这种方式与文艺复兴运动改变了发展和使用学术知识的方式，作用是相同的。

——Michael Tiemann

开源0.9：自由软件阶段（GNU/Linux）
——集市模式的诞生

我为什么将这个阶段直接写成开源0.9。通过前面的描述，我们已经看到自由软件从技术层面到商业层面都已经大功告成。只差一个核心的部件：内核。这样一座自由软件的大教堂就要诞生了。此时一个关键人物——李纳斯出现了，他为了自己能不用到实验室就能上网，在不经意间做出了一件改变世界的事情：开发出开源软件的内核系统，为开源软件带来了新气象。详细过程大家可以阅读李纳斯的传记《乐者为王》。这个时期有三个重要事项。

首先是完成了开源软件内核的开发，使开源的底层技术体系形成闭环；

其次，李纳斯用实际行动推动了GPL的发展，其影响对软件的发展至关重要；

最重要的是实现了开源软件的开发模式变革，由大教堂模式走向集市模式，从根本上释放了创新的活力，促进了软件开发效率颠覆式的提升。

开源 0.99：Linux 互联网生态体系的诞生（LAMP）

在完成开源软件的核心体系建设之后，开源的重点并没有满足与微软的现有市场竞争，而是面向新的市场，建立新的技术体系——互联网。

Linux 作为操作系统，Apache 或 Nginx 作为 Web 服务器，MySQL 作为数据库，PHP/Perl/Python 作为服务器端脚本解释器，这四个软件都是免费的开放源码软件，使用这种方式不用花一分钱（除人工成本之外）就可以建立一个稳定、免费的网站系统，被业界称为"LAMP"或"LNMP"组合。这些工具推动了互联网的快速发展。为什么要特别讲这一点呢？我们知道，创新之前必须要为创新匹配合适的装备。"工欲善其事，必先利其器"，同时我们也惊喜地发现这之后互联网迎来了快速的发展时期。

Apache 服务器

Apache 源于 NCSA httpd 服务器，经过多次修改，成为世界上流行的 Web 服务器软件之一。Apache 取自"a patchy server"的读音，意思是充满补丁的服务器，因为它是自由软件，所以不断有人来为它开发新的功能，增加新的特性，修改原来的缺陷。Apache 的特点是简单、速度快、性能稳定，并可做代理服务器使用。

本来它只用于小型或试验 Internet 网络，后来逐步扩充到各种 UNIX 系统中，尤其对 Linux 的支持相当完美。Apache 有多种产品，可以支持 SSL 技术和多个虚拟主机。Apache 是以进程为基础的结构的，进程要比线程消耗更多的系统开支，不太适合于多处理器环境，因此，在一个 Apache Web 站点扩容时，通常是增加服务器或扩充集群节点，而不是增加处理器。到目前为止，Apache 仍然是世界上用得最多的 Web 服务器，市场占有率达 60% 左右。世界上很多著名的网站，如 Amazon、Yahoo!、W3 Consortium、Financial Times 等都用到了 Apache，它的成功之处主要在于它的源代码开放，有一支开放的开发队伍，支持跨平台的应用（可以运行在几乎所有的 UNIX、Windows、Linux 系统平台上），以及它的可移植性等方面。

MySQL 数据库

MySQL 是一个关系型数据库管理系统，由瑞典 MySQL AB 公司开发，属于 Oracle 旗下产品。MySQL 是流行的关系型数据库管理系统之一，在 Web 应用方面，MySQL 是最好的 RDBMS（Relational Database Management System，关系型数据库管理系统）应用软件之一。

MySQL 是一种关系型数据库管理系统，将数据保存在不同的表中，而不是将所有数据放在一个大仓库内，这样就提高了速度和灵活性。

MySQL 所使用的 SQL 语言用于访问数据库的常用标准化语言。MySQL 软件采用了双授权政策，分为社区版和商业版。由于其体积小、速度快、总体拥有成本低，尤其是开放源码这一特点，一般中小型网站的开发都选择 MySQL 作为网站数据库。

Python 开发语言

Python 是一种跨平台的计算机程序设计语言，是一种面向对象的动态类型语言，最初被设计用于编写自动化脚本（shell）。随着版本的不断更新和语言新功能的添加，它越来越多地被用于独立的、大型项目的开发。自从 20 世纪 90 年代初，Python 语言诞生至今，它已被逐渐应用于系统管理任务处理和 Web 编程中。

Python 的创始人是荷兰人吉多·范罗苏姆（Guido van Rossum）。1989 年圣诞节期间，在阿姆斯特丹，吉多为了打发圣诞节的无趣，决心开发一个新的脚本解释程序，作为 ABC 语言的一种继承。之所以选中 Python（大蟒蛇的意思）

作为该编程语言的名字,是取自英国20世纪70年代首播的电视喜剧《蒙提·派森的飞行马戏团》(Monty Python's Flying Circus)。

ABC是由吉多参加设计的一种教学语言。就吉多本人看来,ABC这种语言非常优美和强大,是专门为非专业程序员设计的。但是,ABC语言并没有成功,究其原因,吉多认为是其非开源造成的。吉多决心在Python中避免这一错误。同时,他还想实现在ABC中闪现过但未曾实现的理想。

就这样,Python在吉多手中诞生了。可以说,Python是从ABC发展起来的,主要受到了Modula-3(另一种相当优美且强大的语言,为小型团体所设计的)影响,并且考虑了UNIX shell和C的使用习惯。

Python已经成为最受欢迎的程序设计语言之一。自2004年以后,Python的使用率呈线性增长。Python 2于2000年10月16日发布,稳定版本是Python 2.7。Python 3于2008年12月3日发布,不完全兼容Python 2。2011年1月,它被TIOBE编程语言排行榜评为2010年度语言。

由于Python语言的简洁性、易读性及可扩展性,在国外用Python做科学计算的研究机构日益增多,一些知名大学已经采用Python来教授程序设计课程。

▶▶ 开源1.0:开源软件定义——包容的生态

随着Linux在1991年的到来,开源对于企业来说变得越来越重要,并且被证明是开发核心软件技术更好、更快的方法。随着越来越多的基础性开源技术的涌现,开源社区和企业开始尝试商业化。

此时,商业化遇到的主要困难是:自由软件,特别是GPL协议虽然推动了创新,但这个条款的要求非常严格。具体来讲就是对闭源的商用软件有相当大的排斥性。事实上,当时自由软件并没有做到全覆盖,有时自由软件的性能也未必可以超过或赶上闭源软件,这样就对客户的应用产生一些麻烦。还有自由软件的名字,容易让人产生误解,以为是"免费"软件。为了解决这个问题,引发了后面的事情，以雷蒙德为代表的一些人启用了"开源"这个词。

"开源"软件这个概念的提出有其实际的历史意义。从斯托曼发起开源运动，到 1998 年，虽然自由软件建立了完整的底层技术体系与互联网的产业生态。但是重心过于关注闭源软件的竞争，特别是与微软的竞争。从本质上讲，从事自由软件的人更希望能够在商业上获得成功。

1998 年，开放软件促进会（Open Software Initiative）创造了"开源"这个术语。正是在那个时候，第一个真正的开源商业模式诞生了。它是随着红帽和 MySQL，以及许多其他在免费软件的基础上提供付费支持和服务的公司一起出现的。这是我们第一次看到一种可以支撑这些组织发展的可行的经济模式。

商业模式理论体系的突破

此时，出现了一个重要人物，那就是雷蒙德。他之前参与过自由软件的编写，充分了解斯托曼自由软件项目的管理风格。后来又尝试用李纳斯的方式进行软件项目的开发。通过认真分析李纳斯的成功模式，对比了斯托曼与李纳斯两者的相同点与不同点之后，出版了经典著作《大教堂与集市》。

这本著作的出版意义非凡，触动了当时正在与微软热火朝天竞争的一家闭源公司——Netscape 领导的心弦，最终出现了第一家从闭源软件转向开源的案例。关于这方面的更深入的内容可以参考《大教堂与集市》一书。这本书通过分析李纳斯在短短几年间完成的斯托曼多年没有完成的事情，发现了社区协同的力量。同时，也从中总结出开源为什么能够产生巨大的创新力，从实践上升到理论的高度。

① 常发布，早发布：这为现在的软件迭代等提出了良好的理论依据。

② 如果有足够多的人去检查，将会发现许多细小的 BUG，这就是社区的力量。

这些发现为开源软件社区的发展奠定了扎实的理论基础。

接下来，我们用两个案例来体验一下如何借助开源及开源社区进行商业化发展。

故事一：Netscape 从闭源走向开源。

通过这个案例，大家可以学习如何将一个商业系统进行开源。

1998 年 2 月 23 日，Netscape 发表了两个声明。第一个声明在 CINet 报道中称："在一项史无前例的运动中，Netscape Communications 公司将会把 Navigator 浏览器拱手相让，这证实了过去几周内业界中的传闻。"而另外一条消息则是："在将 Navigator 浏览器出让的同时，要将下一代 communicator 套件的源代码公之于众。"

那么，它们为什么要将源代码进行开源？这个与当时的竞争背景有关，也与 Internet 市场的竞争状况有很大关系。当时微软公司将 IE 浏览器与操作系统进行捆绑，快速侵占 Nescape 的市场份额。为了抵御微软的竞争，Nescape 公司采取了开源的战略。从这里我们可以知道，开源可以作为抵御竞争对手强大攻势的一种武器。那么，一个闭源的公司如何才能完成开源的转变呢？客观上讲，并非简单地将代码公布就可以。这里需要完成一系列的事情。

更多的细节，我们在这里不做讨论，主要去看一看它们是怎么做的。

第一步，为开放的源代码的主题起一个名字"Mozilla"。

第二步，进行代码分析，特别是对于之前已引入的第三方模块进行处理。协商要么共同开源，要么被新的模块取代。这些都需要进行沟通与确认。

第三步，清除必须清除的闭源代码。

第四步，创建许可证。为了更好地创建许可证，它们还邀请了像李纳斯、雷蒙德、奥莱列等参加研讨。经过分析后发现：现在的代码有相当多的第三方元件，而这些元件受专有的许可证协议的约束。因此，需要建立一种环境。在这个环境中，新的商业开发人员可以贡献他们的代码，并可以得到商业利益的保护。通过认真分析评估 GPL，LGPL，BSD 等现有协议，决定创建一个新的许可证，即 Netscape Public License（NPL）许可证。这里需要注意的是在开源的同时，需要同时满足商业目的之间的平衡。这是一个非常艰苦的过程。

第五步，给开放的源代码找一个家，处理的方法是注册一个新域名。这样 Mozilla.org 就诞生了。

第六步，成立一个组织，得到资金与设备的支持，启动邮件列表，并且与原先的小组隔离。

第七步，制定标准，以确定什么样的东西可以进入程序，什么样的代码不可以进入。

第八步，代码审计，为了更有效率地管理代码，需要选择合适工具进行管理。

通过这个例子，我们可以充分了解面对强大的竞争对手时，如何选择竞争的策略，如何启动新的市场创新。另外，我们也知道后来这家公司被其他公司收购，同时，一个至今广泛流传的 Firefox 浏览器，依旧占有相当的市场地位。

故事二：红帽打造 Linux 系统的品牌企业

从 1995 年创办公司，到 2019 年，用了 25 年的时间打造出一个市值 340 亿美金的开源公司。那么是什么样的基因促使这一奇迹产生呢？

我想在《开源软件文集：开源革命之声》中，BOB Young 的说法就非常准确。

红帽公司到底是做什么的？

"在红帽，我们的任务是与 Internet 上所有的开发小组合作，把四百多个软件包组装成一个有用的操作系统。我们的作业很像汽车装配厂——我们测试成品，并为 Red Hat Linux 操作系统的用户提供支持和服务。"

其使命就是"将可自由地重新发行软件（源代码和免费许可证）的技术利益分发给技术类型的操作系统用户，以使他们获得对所使用的操作系统的控制。"

那么它们是如何赚钱的呢？

建造一个好的产品，运用技巧和想象力开拓市场，照顾好你的客户，从而建立起一个代表着质量和服务的品牌。

运用技巧和想象力开拓市场，尤其是在竞争激烈的市场中，需要你为客户提供别人不能或不能很好提供的解决方案。从这一点上讲，开源不是一种义务，而是一种竞争优势。开源开发模式产生的软件稳定、灵活，并且具有高度的可定制性。所以，开源软件的厂商以高质量的产品为起点。窍门则是设计一套行之有效的赚钱方法，将开源软件的利益分发给你的客户。

红帽企业的定位

红帽的机会：提供方便、高质量的产品，更主要的是帮助在客户脑海中定义一个操作系统。在红帽，如果我们能够很好地提供并支持高质量产品，就会有一个很好的机会建立品牌，使之成为 Linux 操作系统客户的首选。

红帽运营方式

红帽就是自由软件操作系统行业中的一个操作系统装配厂。红帽要获得成功，只有当客户感到购买的不是一个操作系统，甚至不是 Linux 时才可以，而最重要的是购买了红帽。

红帽从 Cygnus 获得编译器，从 Apache 获得 Web 服务器，从 X Consortium 获得 X 窗口系统（由 Digital、HP、IBM、Sun 和其他公司支持建立标准），并把它们组装成一个有证书、可担保，并能够获得大奖的 Red Hat Linux 操作系统。

就像汽车行业一样，红帽的工作就是从现有的开源软件中选取最好的组件以建造我们所能得到的好操作系统。但红帽或其他人都不能拥有对该操作系统的控制。如果红帽的一个客户不同意我们对 Sendmail 的选择，而要用 Qmail 或其他解决方案，客户仍然可以拥有选择控制权。

▶▶▶ 开源 1.1：资本驱动下的开源盛宴

在开源软件领域，有 Sun 服务器操作系统，称为 Solaris；还有 Microsoft 的 Windows NT，与 Linux 竞争。Linux 也已经成为 Internet 世界中首选的操作系统。

表现比较突出的是开源的市场创新与商业创新。在市场创新方面，LinuxWorld 成为一个盛会，其产业生态迅速壮大。

这里有一个重要的事情需要讲，理查德·斯托曼在全球的布道，对人们的思想启迪作用很大。很多如李纳斯等具有创新精神的人受到他演讲的启发，走上了开源创新之路，集聚到硅谷发展。

另外，一个重要的人物是雷蒙德，我认为他主要的成就在于将开源的商业模式上升到一定的理论高度。不仅讲明了开源的商业价值，还进行了实践（例如，Netscape 的闭源向开源的转型）。还有就是直接面对开源的商业化，引导开源软件生态与商业媒体、资本正面接触。

1999 年 8 月 10 日，首届 LinuxWorld 大会召开。雷蒙德做了《大教堂与集市》的演讲，触动了一家闭源的上市公司接受开源战略，引起了轰动，推动了 VA Research 公司的上市，其上市股价迅速上涨，从此在美国股市上有了一个新的版块——Linux 版块。股市上的市场反应对于社会的影响力非常重大。接下来，红帽（Red Hat）股票的上市，再次引发社会的强烈反响。开源在帮助 Internet 发展的同时，许多开源公司也因为 Internet 而快速发展起来。

接下来，就是在资本驱动下的开源公司上市浪潮，开源第一股是 Red Hat，还有 Linux Systems、Caldera Systems、Linuxcare 和 Cygnus Solutions 等公司。据位于马萨诸塞州弗雷明汉的国际数据公司说，超过 145 家公司发布了免费的 Linux 操作系统版本。

故事一：红帽公司首次公开募股（IPO）成功

1999 年 8 月 11 日，红帽公司 IPO 成功，成为第一支成功上市的 Linux 股票。红帽股票的交易代码为 RHT，最初定价为 14 美元，但很快开始攀升。首日的成功为公司带来了约 30 亿美元的资本价值。该公司出售了 600 万股股票，发行股票原计划筹集 6 000 万~7 200 万美元，以资助红帽的扩张业务。结果筹集了大约 8 400 万美元。

红帽首次公开募股，不仅被视为这家总部位于北卡罗来纳州达勒姆市的公司的开创性事件，而且还成为对开源操作系统是否具有广泛吸引力的重要考验。Red

Hat 的成功为 VA Linux Systems、Caldera Systems、Linuxcare 和 Cygnus Solutions 的上市铺平了道路。爆炸性的开端表明，投资者显然已锁定 Red Hat 和开源运动。如何看待此类公司呢？是应该将 Red Hat 视为软件开发或服务/咨询公司吗？还是其他公司？

现在我们已经知道了 Red Hat 后来成为第一家实现赢利的开源公司，最后被 IBM 以巨资进行收购。在其上市后，为了确保公司的良好运营和 Linux 的快速发展，红帽为 Stephen Tweedie、Alan Cox 和 David Miller 等顶级 Linux 程序员提供了资金，并支持 Gnome 努力改善 Linux 的用户界面。同时也获得了与开源有关的其他公司的支持，比如，用英特尔即将推出的 64 位 "Merced" 芯片开发 Linux 时，惠普、IBM、SGI、英特尔和 Cygnus Solutions 的程序员都参与其中。正如 Caldera Systems 首席执行官 Ransome Love 所预想的那样：Red Hat IPO 被视为"正在掀起浪潮的上升潮"，使 Caldera Systems 更加容易"采用自己的战略"。Caldera Systems 以开源形式发布了 Lizard Linux 安装实用程序。发布的 Red Hat 的 IPO 图表参见图 2-2。

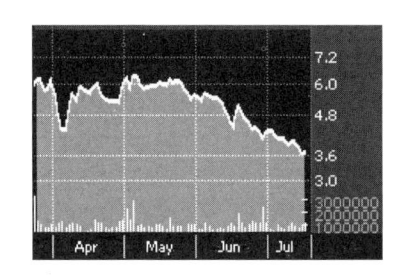

图 2-2 发布的 Red Hat 的 IPO 图表

故事二：VA Linux System IPO

1999 年 12 月 9 日，VA Linux System IPO，只有 200 名员工的 VA Linux Systems 打破了单日 IPO 的记录。该股最初定价为 30 美元，收报 239 美元，上涨了将近 700%。该公司当年 37 岁的首席执行官成为亿万富翁。

这家公司的主要业务是制造与销售安装 Linux 操作系统的计算机。在其带动下，戴尔、康柏、惠普、IBM 及其他大型计算机制造商也开始销售 Linux 系统。

由于互联网泡沫，这家公司的 CEO 后来在股价快速下跌后将公司出让。VA Linux Systems 的 IPO 图表参见图 2-3。

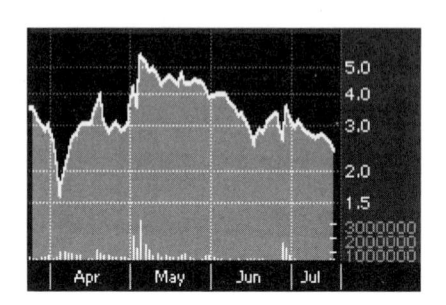

图 2-3　VA Linux Systems 的 IPO 图表

故事三：Caldera Systems IPO

Caldera Systems Inc.（CALD）的首次公开募股被 Linux 的热潮推动，也推动了 Red Hat Inc.（RHT）和 VA Linux Systems Inc.（LNUX）的 IPO 飙升。在公司的第一天交易结束后，首席执行官 Ransom Love 在接受采访时说："我们很开心。"在上市的第一天，Caldera Systems 的股票收于每股 29.44 美元，比 IPO 发行价 14 美元上涨了 110%。该公司的市值为 11 亿美元。CALD 的 IPO 后业绩图表参见图 2-4。

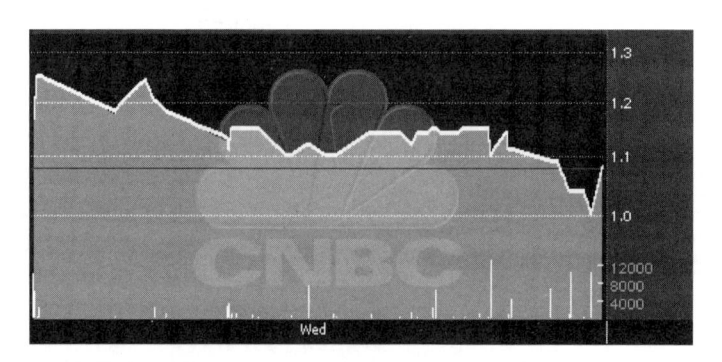

图 2-4　CALD 的 IPO 后业绩图表

Caldera Systems 销售两种版本的 Linux，一种用于台式机，另一种用于服务器。Linux 是由许多程序员共同开发的，其中许多是志愿者。

故事四：Cygnus Solutions

Cygnus Solutions 被领先的 Linux 销售商红帽以 6.74 亿美元的价格收购。

Cygnus Solutions 一直在为主要的芯片制造商（例如，英特尔）提供开发关键软件（编译器）的专业知识，这些软件将用户编写的程序转换为特定计算机可以理解的指令。该公司还编写了 Linux 默认使用的大部分编译器，并且一直在大力推动 Linux 编程工具的销售。

正如红帽（Red Hat）希望通过为使用 Linux 的用户提供服务来赢利一样，Cygnus 也在尝试使用 eCos（为"嵌入式"设备设计的开源操作系统）做同样的事情。

Cygnus Solutions 一直是一家开源公司，与 Red Hat 一样，它也向公众发布了底层编程指令。Cygnus Solutions 还与惠普等公司合作，帮助其规避 Sun 的 Java 许可要求，编写了名为 eCos 的开源操作系统。该操作系统是专为诸如寻呼机和工厂机器人之类的"嵌入式"设备而设计的，并已帮助 Oracle 和 Corel 等公司将其软件移植到 Linux。

故事五：瀛海威的故事

21 世纪初，中国也经历了互联网泡沫。当时，笔者正在国内的第一家互联网公司（瀛海威公司），体验了当时的狂热。在这之前，大多数国人眼中只有互联网，并没有真正意识到其背后的技术推手是来自于开源的。当时只是感觉到年轻人的技术创新与大胆，现在想过来似乎明白了一些内情。原来那些在海外留学的学生，带着开源系统回国进行的是商业创新，并非我们想象的只是技术的创新。这也是一个时代的重要特征。

小结

通过上面的实例和故事，我们可以看到，与专有软件相比，开源公司得到了资本的认可，但价值显得相形见绌。当我对比红帽和微软、MySQL 与甲骨文、XenSource 与 VMWare 时，我发现那些封闭源代码公司的价值远远大于开放源代码公司。业内有些人士认为，开源软件作为一种商品，永远不可能实现接近于任何一家闭源公司潜在的经济价值。但事实果真如此吗？

任何的技术创新与商业创新都要创造价值，开源后续又将如何发展呢？

开源 1.2：开源分布开发时代

开源 1.2 时期重要的特征是 Git 产品的出现。为什么将这个内容单独划为一个重要阶段呢？因为很多人忽略了一个重要事件。这个事件的发生也的确影响到了开源及整个软硬件的发展。这就是 2018 年被以 70 多亿美金收购的 GitHub 的创新基础——Git。它在此时出现，有其偶然性，也有其必然性。

互联网泡沫的发生，使得一些借互联网之名，没有产生真正价值的企业需要迅速变革。开源满足了开发人员的创新需要，特别是低成本的创业起步的需要。开源不仅没有消失，反而越来越流行起来。开源社区的发展面临新的挑战，其具体表现为以下几个方面。

重要事件一：开源许可证的迅速升级。

2004 年，由于开放源代码许可证的数量显著增加，OSI 发起了开源许可证的升级运动。在 2004 年，OSI 在 OSD 中增加了第 10 条，处理围绕许可的一些问题。

重要事件二：开闭源的分布式开发管理工具（BitKeeper 与 Git）

在开源事业快速发展的同时，Linux Torvalds 一直承担着内核的管理工作，工作量与压力越来越大。开源事业的发展客观上要求提高内核管理的效率，启用分布式的管理系统势在必行。

2002 年 2 月开始，Linux 之父 Linus 决定开始用 BitKeeper 来管理 Linux 内核代码。

这里简单地介绍一下 BitMover 这家公司，它是 BitKeeper 产品的开发厂商，创始人和 CEO 是 Larry McVoy，是 Linux 的好朋友。Larry McVoy 的出发点也非常简单，就是希望用 BitKeeper 帮助 Linus Torvalds，使 Linus Torvalds 避免陷入不断加重的 Linux 内核管理工作中。事实上，自从 Linus Torvalds 开始使用 BitKeeper 之后，Linux 的开发步伐加快了两倍。这里要强调一点是，这个软件是闭源软件。

尽管这个软件是闭源软件，但 Linus Torvalds 是这样评价 BitKeeper 的："the best tool for the job"。他的评价引起了 Free 和 Open source 社区的广泛关注。原因非常简单，开源软件的老大用于管理开源软件的核心工具却是一个闭源软件。从另外一种角度也说明无论是开源，还是闭源，在商业开发阶段，其指导思想都是一切围绕客户的需求的，而不仅仅是纠结在是否百分之百的开源之上。

我想这件事的意义在于开源飞速发展的同时，客观上要求"开源软件的管理"需要同步升级。

在 Linus Torvalds 免费使用 BitKeeper 3 年之后，由于 BitKeeper 的使用期限已到，同时，开放源码社区中的有些人觉得 BitKeeper 的许可证并不适合开放源码社区的工作。经过协商无法达成开源的情况下，Linux 社区不得不寻求替代品，以便继续托管 Linux 内核源代码。迫于无奈，Linus Torvalds 自行开发了一套开源版本控制工具，命名为 Git。没想到这一个小小的危机，却改变了开源软件的历史。接下来，让我们了解一下 Git 这个软件。

Git 是 Linus Torvalds 为了帮助和管理 Linux 内核而开发的一个开放源码版本控制软件。采用分布式版本控制系统，可以有效、高速地处理从很小到非常大的项目版本管理工作。原计划 Linus Torvalds 开发 Git 只是作为一种过渡方案来替代 BitKeeper，没想到就像当年的操作系统，仅仅是为了自己玩电脑上网，结果却成为一个传奇的产品一样，Git 后来被广大程序员熟知和使用。

2005 年，Git 工具投入使用。十几年后，在这个工具的基础上，所成立的 GitHub 公司成为开源的重要线上社区，并被微软以 70 多亿美金进行收购，以新的方式加快了开源的全球化发展。

开源 2.0：开源云时代——SaaS（平台的力量）

故事一：Salesforce

公司简介

Salesforce 是创建于 1999 年 3 月的一家客户关系管理（CRM）软件服务提供商，总部位于美国旧金山，可提供随需应用的客户关系管理平台。Marc Benioff 是现任董事会主席兼 CEO。

2004 年 6 月，该公司在纽约证券交易所成功上市，股票代号为 CRM，筹资 1.1 亿美元。在《福布斯》全球最具创新力企业排行榜上，Salesforce 名列首位，而且连续四年稳居宝座。2018 年 10 月，《财富》未来公司 50 强排行榜发布，Salesforce 排名第十。2019 福布斯全球数字经济 100 强榜，Salesforce 排名第 51 位。2019 年 10 月，它在 Interbrand 发布的全球品牌百强榜排名第 70 位。2019 年 10 月 23 日，2019 年《财富》未来 50 强榜单公布，Salesforce 排名第 9 位。

Salesforce 允许客户与独立软件供应商定制并整合产品，同时建立它们各自所需的应用软件。对于用户而言，则可以避免购买硬件、开发软件等前期投资，以及复杂的后台管理问题。因其口号"软件的终结"，在业内常被称为"软件终结者"。Marc Benioff 和 Magdalena Yesil 是最初的投资者和董事会成员，其他早期投资者还包括 Larry Ellison、Halsey Minor、Stewart Henderson、Mark Iscaro、Igor Sill 和 Nancy Pelosi。Marc Benioff 是现任董事会主席兼 CEO。2004 年，Salesforce 收入就已达到 1.75 亿美元，拥有 13 900 家企业客户，注册用户达到 227 000 名。2012 年收入突破 20 亿美元，达到 22.6 亿美元。在《福布斯》全球最具创新力企业排行榜上，Salesforce 名列首位，而且连续四年稳居宝座。在《财富》杂志公布的 2013 年全球 100 个最佳雇主排名中，Salesforce 排名第 19 位。在同时上榜的科技公司中，仅次于 Google、SAS 和 Qualcomm。

开源战略

那么，这样一家客户关系公司与开源有什么关系？为什么要开源呢？

以下是摘自 Salesforce 公司网站上一篇关于《公司为何要开源：与 Salesforce 的开源总监进行的问答》的内容。

"Salesforce 从成立之初就参与开源，并且每年为数百个项目做出贡献。我们知道，健康的开源生态系统对于不断发展的软件行业至关重要。因此，我们很自豪地将资源用于支持开源。我们的开源方法以使客户成功的项目为中心——从使用 Apache Phoenix 扩展我们的大数据基础架构（2014 年发布），到诸如 Transmogrif AI 之类的项目来为我们的 AI 产品提供动力。我们秉承与我们对待其他技术相同的严格策略来对待开源项目——推出可满足实际客户需求的生产就绪型可扩展技术。"

"今天，我们开源 Lightning Web Components，这是我们基于标准的 UI 框架，在开源这一旅程中迈出重要的一步。该框架使数百万开发人员可以轻松地在 Lightning Platform 上构建应用程序。开源的 Lightning Web Components 通过授权开发人员在他们选择的开发堆栈上构建系统，从而大大扩展了其覆盖范围。现在可以在 GitHub（https://github.com/salesforce/lwc）上使用它，以便开发人员搜索源代码，并通过回馈项目来帮助我们定义 Salesforce 上的开发未来。"

"为什么要关注开源？好吧，我们想说的只是为了更大的利益，但这只是其中的一部分。事实证明，开源通过多种方式使社区和企业都受益。而且我们看到公司越来越多地将精力放在这一领域，因为它会推动创新。"

——Salesforce 开源总监　克里斯·凯利（Chris Kelly）

商业模式：

Salesforce 又译作软件营销部队或软营，是全球按需 CRM 解决方案的领导者。它拥有业界无可比拟的客户成功率。当前，全球有 150 000 多家公司正使用 Salesforce 的强大功能分享客户信息，以及开发具有更高收益的客户关系。

Salesforce.com 提供按需定制的软件服务，用户每个月需要支付类似租金的费用来使用网站上的各种服务。这些服务涉及客户关系管理的各个方面，从普通的联系人管理、产品目录到订单管理、机会管理、销售管理等。Salesforce 提供一个平台，使得客户无须拥有自己的软件，也无须花费大量资金和人力用于记录的维护、储存和管理，所有的记录和数据都储存在 Salesforce.com 上面。和普通的自己购买的软件不一样，用户随时可以根据需要去增加新的功能，或者去除一些不必要的功能，真正地实施按需使用。

故事二：Facebook 为什么选择开源

公司简介

Facebook（中文译为脸书或者脸谱网），是美国的一个社交网络服务网站，创立于 2004 年 2 月 4 日，总部位于美国加利福尼亚州门洛帕克。2012 年 3 月 6 日发布 Windows 版桌面聊天软件 Facebook Messenger。主要创始人是马克·扎克伯格（Mark Zuckerberg）。

2012 年 2 月 2 日，Facebook 向美国证券交易委员会（SEC）正式递交了首次公开募股（IPO）申请，计划融资 50 亿美元。这家全球知名的社交网站尚未确定上市交易所时，其股票代码就确定为 FB。

2012 年 5 月 18 日，Facebook 正式在美国纳斯达克证券交易所上市。

2019 年 11 月 12 日，Facebook 在官方博客上宣布正式推出移动支付服务 Facebook Pay。

开源简况

Facebook 的发展与开源有着密切的关系，那么 Facebook 为什么要开源？我们来听听来自 Facebook 的 James Pearce 的观点。

James Pearce 解释了 Facebook 为何大规模开源其软件。他告诉大家一个事实，Facebook 每个月都会发布数个开源项目，并且有数百个工程师会持续地支持这些项目——他们参与全世界的各个开源社区，改进软件的体验。

那么 Facebook 究竟为何要使用、支持和发布开源项目？

James Pearce 没有带我们回顾历史性的那一天——2004 年 2 月 4 日，Mark Zuckerberg 选择了 LAMP 作为 Facebook 的架构基础，创建了 Facebook 的黑客社区。因为这些都不是这家公司走上开源之路的真正原因。

James Pearce 认为：真正原因到底是什么？对公司有利，仅此而已。

共享 Facebook 的代码（通常是软件"栈"，偶尔也包括硬件设计），促进了这个世界的创新。这些代码能帮助他人更快地开发软件。因为 Facebook 不是一家软件公司，所以它在开源过程中没有面临竞争对手的威胁，相反，开源带来的价值逐渐显现。用户使用 Facebook 的开源代码可以更快地构建应用，而他们也乐于回馈代码，使 Facebook 从中受益。

拥抱开源，意味着 Facebook 必须一开始就写出更优秀的软件。如果公司知道某个软件从诞生起就要公开，那就必须好好做，提高可用性和可靠性，因为将来外面的人都会用它。这种压力也会给公司内部带来更多的价值。

开源带来了共享挑战的机会。开源项目面临的难题会吸引一些外部的优秀人员，而结果是，他们也带动了公司内部人员的能力提升。每天 Facebook 都承载了超过一亿人的沟通互连，为何能做到？唯有开源的力量。

Facebook 的 GitHub 账户有 274 个代码库，收到了 39 000 次 fork、提交了 79 000 个 commit，并且拥有 242 000 个关注者。Facebook 开源的这些项目可不是黑客聚会上随便想出来的点子，或者实习生练手的代码。这些工具都是 Facebook 在产品中使用的。Facebook 只会拿真正在用的代码来开源——这样，人们才会相信 Facebook 提供的代码有价值，并且会得到持续的维护。仔细审视这些产品，Facebook 的工作方式就会在你眼前呈现。

Facebook 的开源办公室只有两个员工，所以，开源项目团队的工作必须高效，他们需要自己去收集数据来判断项目的当前状态，大量使用 GitHub 的 API 去获取尽可能多的数据，每分钟都在获取。然后把这些数据收集起来实时共享，并且每个月会做月报。这给工作带来了些许刺激的趣味。开发人员可以互相竞赛，看谁的项目表现更好。尽管被成功的光环笼罩，Facebook 总是力求做得更好。

赢利模式

那么讲到这里，大家就要问 Facebook 是如何赢利呢？这与开源的一个重要的创新模式有关，而其赢利则更多来自广告！

在中国，腾讯公司是与 Facebook 类似的。当微信刚刚推出的时候，大家都在问一个相同的问题，腾讯公司免费让大家使用，那它怎样赚钱呢？一样的道理，是人的流量与广告费。

故事三：阿里的飞天操作系统与开源有什么样的关系？

阿里在国内开源界比较活跃，不仅在应用开源的系统方面活跃，而且还构建出完整的生态体系，在云计算、大数据、人工智能、IoT、云原生、数据库、开发运维、微服务、安全等方面一应俱全。这些内容可以从其开发者社区中清楚看到。其重要的开源事件可以在开发者社区网址中寻找。阿里云开发者社区网页参见图 2-5。

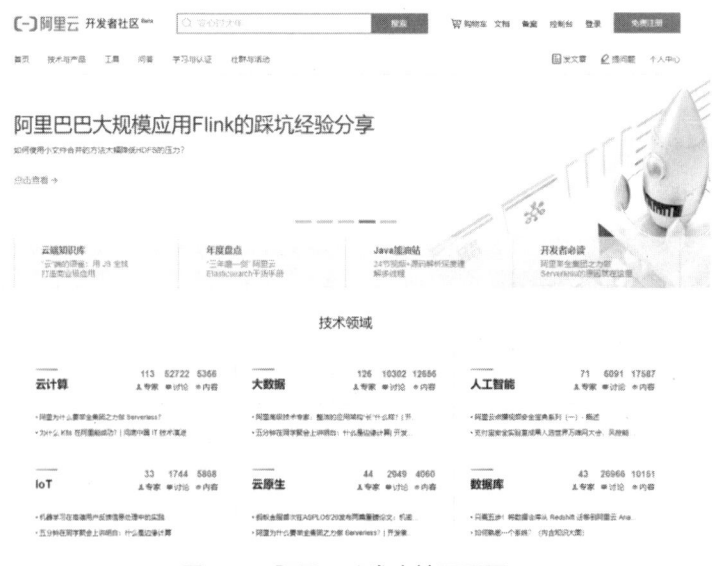

图 2-5　阿里云开发者社区网页

详细可参考网址：https://developer.aliyun.com/?spm=a2c4e.11153940.0.0.1195115dlNnjYo。

著名的项目之一就是飞天操作系统。

飞天（Apsara）是由阿里云自主研发的、服务全球的超大规模通用计算操作系统。

它可以将遍布全球的百万级服务器连成一台超级计算机，以在线公共服务的方式为社会提供计算能力。

从 PC 互联网到移动互联网，再到万物互联网，互联网成为新的基础设施。飞天希望解决人类计算的规模、效率和安全问题。飞天的革命性在于将云计算的三个方向整合起来：提供足够强大的计算能力，提供通用的计算能力，提供普惠的计算能力。

飞天诞生于 2009 年 2 月，为全球 200 多个国家和地区的创新和创业企业、政府、机构等提供服务。

开源 2.1：移动时代——开放核心时代（生态的竞争）

之所以将这个内容放在开源之原生时代前面，原因其一，事件发生的相对较早；其二，移动时代会进一步加速云时代的变迁。接下来，让我们来看看具体的案例，特别是谷歌与华为的生态竞争。

故事一：苹果的开源策略——开源代码，封闭应用

公司简介

苹果公司（Apple Inc.）是一家美国高科技公司。由史蒂夫·乔布斯、斯蒂夫·沃兹尼亚克和罗·韦恩等人于 1976 年 4 月 1 日创立，并命名为美国苹果电脑公司（Apple Computer Inc.）。2007 年 1 月 9 日更名为苹果公司，总部位于加利福尼亚州的库比蒂诺。

2018 年 8 月 2 日晚间，苹果盘中市值首次超过 1 万亿美元，股价刷新历史最高位至 203.57 美元。入选 2019《财富》世界 500 强、2019 福布斯全球数字经济 100 强榜第 1 位。

苹果公司创立之初，主要开发和销售个人计算机。截至 2014 年，致力于设计、开发和销售消费电子、计算机软件、在线服务和个人计算机。苹果的 AppleII 于 20 世纪 70 年代开启了个人计算机革命，其后的 Macintosh 接力于 20 世纪 80 年代的持续发展。该公司硬件产品主要是 Mac 电脑系列、iPod 媒体播放器、iPhone 智能手机和 iPad 平板电脑。在线服务包括 iCloud、iTunes Store 和 App Store。消费软件包括 OS X 和 iOS 操作系统、iTunes 多媒体浏览器、Safari 网络浏览器，还有 iLife 和 iWork 创意和生产套件。苹果公司在高科技企业中以创新闻名世界。苹果开源界面参见图 2-6。

图 2-6　苹果开源界面

苹果的开源战略布局

开源软件是苹果（Apple）平台和开发人员工具的核心，苹果贡献并发布了大量的开源代码。从操作系统到开发工具，到套件与应用维护工具，苹果有完整的开源体系架构。下面简单地介绍几个关键部件，详见图 2-7。

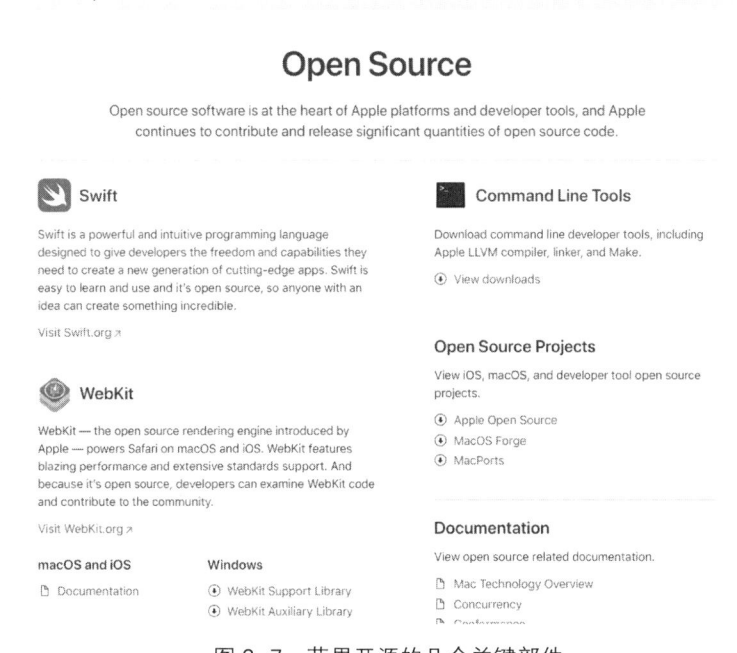

图 2-7　苹果开源的几个关键部件

Swift 是一种强大而直观的编程语言，旨在为开发人员提供新一代前沿应用所需的功能。Swift 易于学习和使用，并且是开源的。因此，任何有想法的人都可以创造出令人难以置信的东西。

WebKit 是苹果推出的开源渲染引擎，它在 MacOS 和 iOS 上为 Safari 提供动力。WebKit 具有出色的性能和广泛的标准支持，而且由于它是开源的，因此，开发人员可以检查 WebKit 代码，并为社区做出贡献。

ResearchKit 是一个开放源代码框架，可使 iOS 应用程序成为研究的强大工具。它包括各种可自定义的模块，你可以在这些模块上进行构建，并与社区共享。

CareKit 是用于开发应用程序的开源框架，可通过创建动态护理计划，跟踪症状，与维护团队建立联系等来帮助人们更好地理解和管理其健康。

Bonjour 可以使用行业标准 IP 协议自动发现本地网络上的设备和服务。通过复杂但易于使用的编程界面，可以轻松发现、发布和解析网络服务。

MacOS 将久经考验的 UNIX 基础与易于使用的 Mac 界面结合，将具有工业强度的计算带到了桌面上。

苹果的开源策略

在 iOS 上，你只能从苹果的 App Store 安装应用程序。如果苹果不想批准某个应用程序，或者苹果将其从应用程序商店中删除，你将无法使用这个应用程序。"下载"未经批准的应用程序需要越狱，这令人头疼。

这对你意味着什么：根据个人的需要在手机上安装自己喜欢的应用，是一个很实际的问题。例如，苹果的应用程序商店不允许有视频游戏模拟器、BitTorrent 客户端，以及官方认为有争议的其他类型的应用程序；苹果公司禁止在应用商店中发布具有争议性内容的游戏。

相关链接：https://opensource.apple.com/。

故事二：谷歌与开源

安卓如何与苹果的智能手机开展世纪大战？这主要借助于其操作系统安卓（Android）的上位。

苹果公司的成功，给手机移动市场带来巨大的威胁，同时也对谷歌的搜索市场带来潜在的威胁。面对竞争，谷歌收购安卓之后，采用开放核心代码的策略，通过将手机操作系统进行开源，建立起移动通信联盟，争取手机厂商使用开源的手机操作系统。一方面抵挡住苹果手机对于谷歌搜索的威胁，另外，采用关键应用组件的方式参与移动系统在全球的竞争。这一点在谈到华为手机海外受阻事件的时候，大家就应该明白，开源策略的选择对于商业竞争的成功有着至关重要的作用。安卓与苹果的智能手机参见图 2-8。

图 2-8　安卓与苹果的智能手机

更多详情查阅：

https://mobile.qudong.com/article/123331.shtml；

http://www.chinaz.com/news/2012/0822/270545.shtml；

https://www.howtogeek.com/217593/android-is-open-and-ios-is-closed-but-what-does-that-mean-to-you/。

谷歌开源 TensorFlow，争夺 AI 框架的话语权

阿尔法狗（AlphaGo）是第一个击败人类职业围棋选手、第一个战胜围棋世界冠军的人工智能机器人，由谷歌（Google）旗下 DeepMind 公司戴密斯·哈萨比斯领衔的团队开发。其主要工作原理是"深度学习"，参见图 2-9。

图 2-9　阿尔法狗

2016 年 3 月，阿尔法狗与围棋世界冠军、职业九段棋手李世石进行围棋人机大战，以 4 比 1 的总比分获胜。在这次大赛之后，谷歌就立即将这个人工智能的框架进行了开源，标志着一个时代的终结和另一个时代的开始，人类在信息博弈的竞技中败北，人工智能发展的元年开始。

2016 年年末到 2017 年年初，阿尔法狗（AlphaGo）在中国棋类网站上以"大师"（Master）为注册账号与中、日、韩数十位围棋高手进行快棋对决，连续 60 局无一败绩。

2017 年 5 月，在中国乌镇围棋峰会上，它与排名世界第一的世界围棋冠军柯洁对战，以 3 比 0 的总比分获胜。围棋界公认阿尔法狗的棋力已经超过人类职业围棋顶尖水平。

2017 年 5 月 27 日，在柯洁与阿尔法狗的人机大战之后，阿尔法狗团队宣布阿尔法狗将不再参加围棋比赛。2017 年 10 月 18 日，DeepMind 团队公布了最强版阿尔法狗，代号 AlphaGo Zero。

TensorFlow 是用于机器学习的端到端的开源平台。它具有工具、库和社区资源的全面、灵活的生态系统，使研究人员可以推动机器学习的最新发展，并使开发人员能够轻松构建和部署机器学习支持的应用程序。

安卓系统永远开源免费，这是毋庸置疑的。谷歌能够收取的费用是非开源的那一部分，比如谷歌内置在安卓系统中的 App、谷歌浏览器、谷歌地图、谷歌搜索等。谷歌还透露安卓提供了"更多的"选择，指的是虽然安卓系统内置了谷歌的应用全家桶，但是你可以选择用，也可以选择不用。Google play 应用参见图 2-10。

图 2-10　Google play 应用

故事三：Uber

公司简介

Uber（Uber Technologies,Inc.）中文译作"优步"，是一家美国硅谷的科技公司。Uber 在 2009 年，由加利福尼亚大学洛杉矶分校辍学学生特拉维斯·卡兰尼克和好友加勒特·坎普（Garrett Camp）创立。因旗下同名打车 App 而名声大噪。Uber 目前已经进入中国的 60 余座城市，并在全球范围内覆盖了 70 多个国家的 400 余座城市。

开源战略

Uber 开源战略的网站宣传参见图 2-11。

Uber Open Source

Uber致力于通过开放源代码实现每个人的协作

来源：Uber 网站

图 2-11　Uber 开源战略网站宣传

赢利模式

如果你曾经坐过出租车，你一定知道传统出租车的付费形式：在你下车前，将车费以现金的形式支付给司机。对于一家传统的出租车公司来说，司机每次服务所获得的现金正是他们唯一的营收来源。Uber 其实也不例外，它们的营收来源与传统的出租车企业并没有太大区别，而且截止到现在，它们也没有拓展出其他的营收来源。

考虑 Uber 每天 100 万人次的运营数字，你就能想象 Uber 每天能够获得多少营收。通过简单的计算，你就能发现这是一个相当庞大的数字。要想了解这家公司的收入来源，我们还需要进行更加详细的分析。

Uber 获得如此成功的重要原因，就是这家公司的营收模式与它们的业务模式一样，都非常与众不同，甚至可以说是独一无二的。我们将通过以下几个方面进行解释。

针对不同的人提供不同的出租车服务

Uber 对自己的定位没有任何限制，它既不限制旗下车辆的定位，也不限制所服务人群的定位。它既有 Uber X、Uber Black 这种为乐忠于乘坐中端车辆的用户提供服务的产品，也有 Uber Taxi 这种为希望以最小的经济代价获得通勤服务的用户设计的产品。对于那些希望乘坐高端商务车的用户来说，有 Uber SUV 这种高端产品可以满足他们。Uber SUV 参见图 2-12。

图 2-12　Uber SUV

高峰时段定价技术

针对不同的时间段给出租车制定不同水平的服务价格，这是 Uber 商业模式中一个重要的组成部分。当需求上涨的时候，Uber 车辆的每千米车费就会自动提高。这个提高后的价格，由多种因素决定，例如，当前可提供服务车辆的数量，以及需要通勤服务的人的数量等。对此，Uber 开发了一个高峰定价技术，并且在美国获得了这个技术的专利权。高峰时段定价技术图例参见图 2-13。

图 2-13　高峰时段定价技术图例

除出租车之外的其他通勤服务

除了出租车之外，Uber 还在为用户提供其他形式的通勤服务。截至目前为止，Uber 已经提供了轮渡、直升机等其他受到许多用户欢迎的通勤服务。不久之前，Uber 还在巴黎开通了摩托车通勤服务。除了通勤服务，Uber 还涉及一些业务。例如，在旧金山开通的快递服务，以及在其他 7 个城市内所提供的冰激凌卡车配送服务等。

虽然这些服务仅仅限于少部分特殊的城市，但是这些服务却给 Uber 的业务模式带来了宝贵的新营收渠道。

▶▶▶ 开源 2.2：开源云原生时代（云生态的竞争）

故事一：Kubernetes（简称 K8s）

Kubernetes，简称 K8s，是用 8 代替 8 个字符"ubernete"而成的缩写，是一个开源的、用于管理云平台多个主机上的容器化的应用。Kubernetes 的目标是让部署容器化的应用简单且高效，Kubernetes 提供了应用部署、规划、更新、维护的一种机制。

传统的应用部署方式是通过插件或脚本来安装应用的。这样做的缺点是应用的运行、配置、管理、所有生存周期将与当前操作系统绑定，这样做并不利于应用的升级更新/回滚等操作。当然，也可以通过创建虚拟机的方式来实现某些功能，但是虚拟机非常重，并不利于移植。

新的方式是通过部署容器方式实现的。每个容器之间互相隔离，每个容器有自己的文件系统。容器之间的进程不会相互影响，能区分计算资源。相对于虚拟机，容器能快速部署。由于容器与底层设施、机器文件系统是解耦的，所以它能在不同云、不同版本操作系统间迁移。

容器占用资源少、部署快，应用可以被打包成容器镜像，应用与容器成一对一关系，这也使容器有更大优势。使用容器可以在 build 或 release 阶段，为应用创建容器镜像。因为每个应用不需要与其余的应用堆栈组合，也不依赖于生产环境基础结构，这使得从研发到测试、生产能提供一致环境。与其类似，容器比虚拟机轻量、"透明"，更便于监控和管理。

更多详情可以查阅：https://kubernetes.io 和 https://www.kubernetes.org.cn/tags/cicd。

故事二：Docker

Docker 是一个开源的应用容器引擎，让开发者可以打包应用，以及依赖包到一个可移植的镜像中，然后发布到任何流行的 Linux 或 Windows 机器上，也可以实现虚拟化。容器是完全使用沙箱机制的，相互之间不会有接口。

未来。我们需要将 Docker 修改的部分内容单独叙述，认真分析开源在当下的商业化运作的模式创新。需要特别注意的是社区品牌与公司品牌之间如何切换，如何同时平衡开源与商业化之间的情感与利益。这个案例非常值得我们深入研究与学习。

Docker 是 PaaS 提供商 dotCloud 开源的一个基于 LXC 的高级容器引擎，源代码托管在 GitHub 上，基于 go 语言开发的，遵从 Apache2.0 协议开源。

Docker 自 2013 年以来，非常火热。这不仅体现在 GitHub 上的代码活跃度上，还体现在 Red Hat 在 RHEL6.5 中集成对 Docker 的支持上，就连 Google 的 Compute Engine 也支持 Docker 在其之上运行。

一款开源软件能否在商业上成功，很大程度上依赖三件事——成功的 user case（用例），活跃的社区和一个好故事。dotCloud 之家的 PaaS 产品建立在 Docker 之上，长期维护且有大量的用户，社区也十分活跃。接下来，我们看看 Docker 的故事。

Docker 面临的环境管理复杂。从 OS 到中间件，再到各种 App。一款产品能够成功，开发者需要关心的东西太多，并且难于管理。这个问题几乎在所有现代 IT 相关行业都需要面对。

● 云计算时代的到来。AWS 的成功，引导开发者将应用迁移到云上，解决了硬件管理的问题。然而，中间件相关的问题依然存在（所以 openstack HEAT 和 AWS cloudformation 都着力解决这个问题）。这为开发者的思路转变提供了可能性。

● 虚拟化手段的变化。Cloud 时代采用标配硬件来降低成本，采用虚拟化手段来满足用户按需使用的需求，以及保证可用性和隔离性。然而，无论是 KVM，还是 Xen，在 Docker 看来，都是在浪费资源，因为用户需要的是高效运行环境，而非 OS。GuestOS 既浪费资源，又难于管理，轻量级的 LXC 更加灵活和快速。

● LXC 的移动性。LXC 在 Linux 2.6 的 kernel 里就已经存在了，但是，其设计之初并非为云计算考虑的，缺少标准化的描述手段和容器的可迁移性，决定其构建出的环境难于迁移，并且难于进行标准化管理（相对于 KVM 之类 image 和 snapshot 的概念）。Docker 就在这个问题上做出了实质性的革新。这是 Docker 最独特的地方。

面对上述几个问题，Docker 设想交付运行环境如同海运，OS 如同一个货轮，每一个在 OS 基础上的软件都如同一个集装箱，用户可以通过标准化手段自由组装运行环境，同时集装箱的内容可以由用户自定义，也可以由专业人员制造。这样，交付一个软件，就是一系列标准化组件的集合的交付，如同乐高积木，用户只需要选择合适的积木组合，并且在最顶端署上自己的名字（最后一个标准化组件是用户的 App）。这也就是基于 Docker 的 PaaS 产品的原型。

更多详情参阅：http://dockone.io/article/8832。

故事三：微服务架构

微服务架构是一项在云中部署应用和服务的新技术。大部分围绕微服务的争论都集中在容器或其他技术是否能很好地实施微服务上，而红帽认为 API 应该是重点。

微服务可以在"自己的程序"中运行，并通过"轻量级设备与 HTTP 型 API 进行沟通"。关键在于该服务可以在自己的程序中运行。通过这一点，我们可以将服务公开。在服务公开中，许多服务都可以被内部独立进程所限制。如果其中任何一个服务需要增加某种功能，那么就必须缩小进程范围。在微服务架构中，只需要在特定的某种服务中增加所需功能，而不影响整体进程的架构。

更多详情参阅：

https://blog.csdn.net/qq_41531324/article/details/80806168；

http://baijiahao.baidu.com/s?id=1600354904549354089&wfr=spider&for=pc；

https://martinfowler.com/articles/microservices.html。

小结

21 世纪前 10 年中期，开源公司的估值开始发生变化。云计算打开了一扇窗口，允许公司以开源方式运行"软件即服务"（即 SaaS 服务）。具体表现为：一旦在云中托管一个开源服务，用户就不知道，也不关心是否有开源或专有软件，从而导致对开源公司的估值和专有软件公司的估值开始接近，这表明开源确实具有真正的经济价值和战略价值。

其结果带来了一轮收购浪潮，包括 Citrix 收购初创公司 XenSource（更不用提 Sun 公司先收购 MySQL，然后自己又被甲骨文公司收购），这一轮收购也使得开源成为大型科技公司的关键组成部分。

2001 年，微软首席执行官史蒂夫·鲍尔默（Steve Ballmer）还将 Linux 称为"癌症"。而到了 21 世纪前 10 年中期，就连微软也在其技术堆栈中使用了开源技术，并投入巨资为开源项目做出贡献。因此，我们可以预见，很快就可能有下一家开源初创公司会从一家大型科技公司分拆出来，就像以前，它从学术研究实验室或开发人员的车库里诞生出来一样。

将以上案例进行梳理，并有机衔接起来，可以清晰看出：一边是技术创新（新技术、新架构），一边是商业创新（新模式、新业态），一边是资本创新（生态投资模式）。再往深处思考，你会发现，背后还有一种创新是资本创新——基金会模式。开源的公司挣到钱之后，建立或捐助基金会，再对开源原生项目孵化，到生态的融资上市与生态的背书。这一点你可以在《硅谷百年史》中洞察这一种规律。

当书写到这里的时候，大家清楚了开源到底经历过哪些波折，也创造了人类发展史上的一些奇迹。回头再看看，如果没有当年理查德·斯托曼对于打印机不能修改程序的不满，离开 MIT，启动 GNU 工程，起草 GPL 协议，而是劝说别人去开放源代码会是怎样的？如果没有 GNU 工程提供的编译工具与 GPL 许可证，也不知李纳斯会怎样处理内核程序，也很难想象还会有今天的开源世界，一个还没有毕业的大学生起到了如此重要的作用；如果没有雷蒙德希望改变人们对自由软件的看法，提出"开源"的名字，是否会吸引投资者的关注，打破闭源的壁垒，Netscape 成为第一家从闭源发展成为第一家开源的闭源公司，从而引发 Internet 革命。如果再认真思考一下这些现实例子，靠卖书卖出一个世界级的公司（亚马逊公司），靠租光碟的巨型公司（耐飞），没有一辆车的出租车公司（Uber），没有一间自己酒店的公司（Airbnb）等。这一切告诉我们，任何方式和方法，都需要实践。

关于开源是否有商业模式,这个问题已经有很多人,包括经济学家都对这个现象做过很多的研究,还没有真正的结论。因此,写这本书的过程也是一个非常艰苦的过程,我曾经担心受到不同观点的左右或受到批评之声,于是,决定先将我的观察与思考梳理出来,然后学着开源的方法,让大家一起来评价。这也许会成为一块试金石,最终可以发现开源的真正商业模式。用更多的眼睛来看,让更多人来讨论与完善。

有想法,就行动,也就可能开创一个新的历史。

"别谈理论,秀代码!"

"别谈创新,秀行动!"

开源与开放,是实实在在干出来的!当我们还在讨论开源是否适合中国国情的时候,华为用其行动,证明在中国做开源是可以的。

开源成就了云时代,云时代再次将开源推到下一个高潮。

下一节,我们将讨论开源在物联网时代的创新。

▶▶▶ 开源 3.0:开源软件的复兴与物联网

物联网时代触发了很多创新,一方面是新物种的快速繁殖,另一方面是技术。物联网操作系统是基于物联网的工具链、产品链迅速发展起来的操作系统。在这个领域中,也涌现出不少新秀。从不同领域出发,都聚集到物联网上,有原通信领域的华为,也有互联网领域的 AWS、Google、BAT,还有 3C 领域的苹果等。

故事一:华为的 LiteOS

华为公司在较早时候就已经加入开源这个领域,并构建了自己的开源生态体系。详细情况可以从华为官网上查询:https://consumer.huawei.com/

en/opensource/。从网站上的分析可以获悉，华为在操作系统、智能手机、智能硬件等领域都做了开源。下面，我们重点介绍一下华为的物联网操作系统LiteOS。这个系统早期就做了开源，在2019年受到美国实体清单制裁时起到了重要"备胎"作用，并且是鸿蒙手机操作系统的前身。华为官方网站的开源中心网页参见图2-14。

图片来源，华为官方网站

图2-14 华为官方网站的开源中心网页

2012年，华为开始做终端设备OS，是LiteOS的雏形。在2015年华为网络大会上，LiteOS正式宣布开源。LiteOS操作系统是华为完全自研的，并非通过Linux或其他系统二次开发的。

为什么要开源？华为开源就是为了建立在物联网领域的产业标准，不希望受规定影响：谁能用或谁不能用。因为那样，无法将产业做大，希望能够将物联网产业横向拓展。

华为LiteOS自主知识产权指什么？即使开源，也会受到很多限制，例如，Android系统。华为LiteOS 99%以上的代码是由华为带头做的（其中，也有合作伙伴的身影）。以BSD的方式开源，不会有国外知识产权的问题，是自有知识产权。

IoT OS 联网关键：端云组件和增强组件。单独从内核来看，任何操作系统的内核都大同小异。物联网操作系统内核本身有一个特点，即轻量级，华为 LiteOS 可以做到 KB 等级。另外，作为物联网开源操作系统，厂商可以直接将华为 LiteOS 操作系统拿来定制解决方案。

LiteOS 开源地址：https://github.com/liteos/liteos。

LiteOS 生态地址：https://github.com/liteos。

故事二：华为能否打破谷歌的围剿（谷歌与苹果之战的启发）

我们知道由于华为被美国列入"实体清单"，并且因为谷歌授权问题，海外业务受到影响。这种情况是之前对于开源的授权理解不足所带来的问题。如何破解这个问题，难度非常大，但是否可以解决呢？

在竞争中，敌人的敌人就是朋友，那么谷歌的对手是苹果。我们对比一下这两家的策略，或许可以有一些启发。

谷歌的安卓系统为什么能形成庞大的生态环境？各方软件都支持！关键还是它的开源——各方都能参与！华为能否走这条路线呢？未必！这可以适当借鉴苹果的一些思路。

Android 是"开放"的，而 iOS 是"封闭的"，但这对你意味着什么？

如果所有事情都可以达成共识，那就是 Google 的 Android 更"开放"，而 Apple 的 iOS 更"封闭"。这实际上对你意味着什么？"打开"与"关闭"意味着很多事情，从源代码到应用程序商店，到操作系统允许你自定义和调整的东西数量。

Android 以多种方式"开放"。一方面，Android 操作系统基于"Android 开放源代码项目"或 AOSP 中的代码。它是开源的，因此，人们可以获取源代码，并从中创建自定义操作系统。例如，CyanogenMod 基于此代码定制 ROM。Kindle Fire 和 Fire Phone 上使用的 Amazon Fire OS 也是基于此开源 Android 代码的。

但是，越来越多的 Android 以来自 Google Play Services 的闭源应用程序和 API 形式出现。"Android"可能意味着几件事。是的，它是一个开源操作系统（AOSP）。但是，大多数人认为带有 Google 功能的"Android"仅仅是部分开源的操作系统。而且大多数手机出厂时都带有锁定的引导加载程序，有些手机可能无法利用安全漏洞将其解锁，因此，安装自己喜欢的 Android 操作系统可能比你想象的要难。

另一方面，Apple 的 iOS 是开源的。是的，它有一些开放源代码，但是绝大多数操作系统是封闭源代码，很难从中制作新的操作系统。

这对你意味着什么：如果你非常希望为手机提供自定义 ROM，并且想弄乱这种事情，那么 Android 适合你。如果你不这样做，iOS 很好。这是一个不幸的事实：安装自定义 ROM 的主要原因之一是在手机上获得其制造商不再支持的更新版本的 Android，这与 iOS 无关。

应用程序可以来自任何地方，而不一定只能来自应用程序商店。

在 Android 上，你可以翻转开关以从"未知来源"安装应用程序。这使你可以从 Google Play（即 Google 的应用程序商店）外部安装应用程序。即使 Google 不批准某个应用，你也可以从其他地方安装它。Google 对自己的应用商店中的应用的限制也较少。

实际上，大多数人可能不会遇到这些限制。但是，如果你打算使用视频游戏模拟器和其他类型的有争议的应用程序，则可能需要购买 Android 手机，而不是 iPhone。

以上仅是一种分析与参考，相信这个事情也是非常具有挑战性的，希望能早日找到解决的方法与途径。

故事三：开源加速百度无人驾驶的发展

公司简介

百度（纳斯达克：BIDU），全球知名的中文搜索引擎及知名的中文网站，全球领先的人工智能公司。百度愿景是：成为最懂用户，并能帮助人们成长的全球顶级高科技公司。

"百度"二字，来自八百年前南宋词人辛弃疾的一句词：众里寻他千百度。这句话描述了词人对理想的执着追求。1999年年底，身在美国硅谷的李彦宏看到了中国互联网及中文搜索引擎服务的巨大发展潜力，抱着技术改变世界的梦想，他毅然辞掉硅谷的高薪工作，携搜索引擎专利技术，于2000年1月1日在中关村创建了百度公司。

百度拥有数万名研发工程师，这是中国乃至全球很优秀的技术团队。这支队伍掌握着世界上先进的搜索引擎技术，使百度成为中国掌握世界尖端科学核心技术的高科技企业，也使中国成为美国、俄罗斯和韩国之外，全球仅有的4个拥有搜索引擎核心技术的国家之一。

百度2000年1月1日创立于中关村，公司创始人李彦宏拥有"超链分析"技术专利，他使中国成为美国、俄罗斯、韩国之外，全球仅有的四个拥有独立搜索引擎核心技术的国家之一。基于对人工智能的多年布局与长期积累，百度在深度学习领域领先世界，并在2016年被《财富》杂志称为全球AI四巨头之一。

百度"阿波罗计划"

2017年4月19日，百度借上海车展发布"阿波罗计划"，开源了其自动驾驶技术。"百度将为汽车行业及自动驾驶领域的合作伙伴提供一个开放、完整、安全的软件平台，提供包括'车辆平台、硬件平台、软件平台、云端数据服务'等在内的完整的软硬件和服务体系，开放环境感知、路径规划、车辆控制、车载操作系统等功能的代码或能力，并且提供完整的开发测试工具，同时还将在车辆和传感器等领域选择协同度和兼容性好的合作伙伴，共同组成协作联盟，以此降低行业准入门槛，助力传统车企更为快速地搭建出一套属于自己的完整的自动驾驶系统。"

2017年7月5日，百度开发者大会正式发布Apollo开放平台1.0版，并同步在GitHub上进行源码开放，按照Apollo的开放路线图，目前已经在GitHub

竞争与创新—开源的前世今生 第 2 章

上发布了 Apollo 2.0 版，即可以实现在简单的城市道路上进行自动驾驶、定速巡航、自动躲避障碍物、根据交通指示灯做出判断、变换车道等重要功能。如图 2-15 所示可以展示出 Apollo 2.0 开放能力。

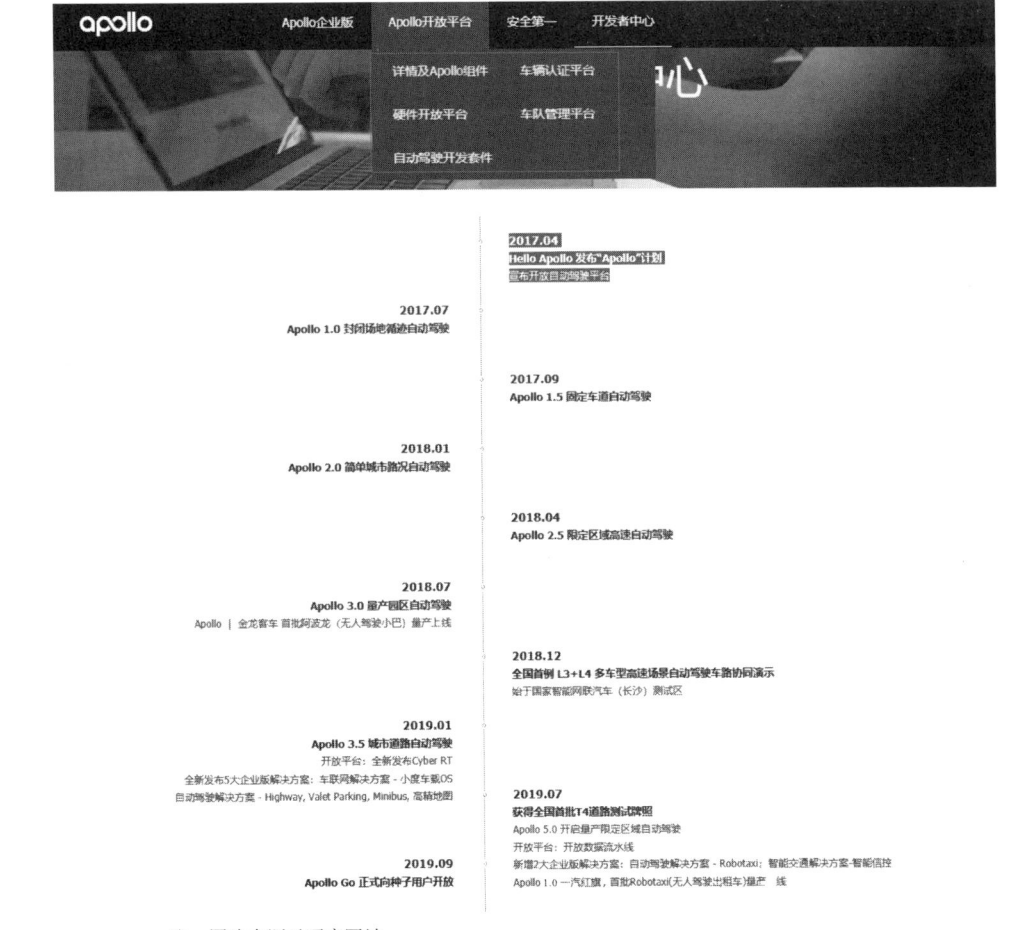

注：图片来源于百度网站。

图 2-15 Apollo 2.0 开放能力

那么，百度造车的具体内容是什么呢？我们查了百度"阿波罗计划"，其包括主要组件、硬件开放平台、自动驾驶开发套件、车辆认证平台及车队管理平台。

2017 年 4 月，Hello Apollo 发布"Apollo"计划，宣布开放自动驾驶平台。

2017 年 7 月，Apollo 1.0 封闭场地循迹自动驾驶。

2017 年 9 月，Apollo 1.5 固定车道自动驾驶。

2018 年 1 月，Apollo 2.0 简单城市路况自动驾驶。

2018 年 4 月，Apollo 2.5 限定区域高速自动驾驶。

2018 年 7 月，Apollo 3.0 量产园区自动驾驶。Apollo 1.0 金龙客车首批阿波龙（无人驾驶小巴）量产上线。

2018 年 12 月，全国首例 L3+L4 多车型高速场景自动驾驶车路协同演示，始于国家智能网联汽车（长沙）测试区。

2019 年 1 月，Apollo 3.5 城市道路自动驾驶开放平台 Cyber RT 全新发布 5 大企业版解决方案：车联网解决方案——小度车载 OS；自动驾驶解决方案——Highway、Valet Parking、Minibus；高精地图。

2019 年 7 月，获得全国首批 T4 道路测试牌照。Apollo 5.0 开启量产限定区域自动驾驶，开放平台开放数据流水线。新增 2 大企业版解决方案：自动驾驶解决方案——Robotaxi；智能交通解决方案——智能信控 Apollo 1.0 一汽红旗，首批 Robotaxi（无人驾驶出租车）量产上线。

2019 年 9 月，Apollo Go 正式向种子用户开放。

▶▶ 小结：开源的启示

我们还是从苹果的开源战略——开源的操作系统与封闭的产品与服务说起。很多人都非常崇拜苹果公司。同样，很多人也有一种误解，认为苹果是一个闭源的公司。无论从硬件，还是从软件上来说，信息不对称都会带来很多误解。下面我们将重点描述苹果公司的开源情况。

从苹果的操作系统发展史来看，我们可以看到这一真实历史。从苹果的商业模式可以看出：封闭的产品、应用商店的主要目的在于一方面可以通过开源实现持续的创新，另一方面由于其软、硬件一体化的产品与服务体系及赢利模式，导致其必须关注品质。因此，通过封闭的商业运营，严格的审查，可以比较容易控制其生态的质量、产品的质量与服务的质量。这也许是物联网企业或者是工业互联网企业可以借鉴的商业模式。

在这本书中，我们只是做一个简单的介绍。后面我们将在一个专题中介绍苹果的开源战略及战略收获。从 iOS 的发展史来说苹果的开源战略起源；从苹果应用商店看其封闭的应用系统体系与战略价值的获得。

与之相反，谷歌所采用的方式是开源的操作系统（允许修改操作系统，并允许定制操作系统），而其后续的生态系统中的应用是封闭的，并且由此设计出其开源战略模式。

我们会发现，现在是开源的世界。几乎所有公司都在采用开源战略，只是其对外的表述与重点形象打造各不相同。不管是不是开源的问题，品质与品牌却是我们始终需要关注的。

开源的价值在于可以与先进企业进行共同创新。

国际化的道路选择有多种方式，通过线下的国际化是一方面，其局限性在于体量与财力的限制。

开源已成为每个企业的一部分。通过对事实的梳理，能够看到开源的历史全景。下面我们进行一下总结。

首先，开源包括企业内部开源与社会化开源，在两个开源圈中如何做好平衡，如何选择相应的许可证，如果平衡好社区与产品及商业化的关系，是值得思考的。

第二，以史为镜，做好开源战略选择。从历史发展角度看，在美国，开源已经成为一种文化。在中国，从应用角度，很少会有人谈开源，或者闭源。因为作为互联网与移动互联网的应用，普通消费者关注的重心是服务本身，而不会关注技术到底是开源的，还是闭源的。

当世界贸易的摩擦给我们带来冲击之时，才会发现知名企业早就融入全球的开源生态之中。现在面临的挑战是，在面对开源竞争的新格局之时，如何建立自主、可控的中国开源生态。

一是用编年史的表达方式，全局性地梳理整个开源历史和大事记，用事实进行论证。二是做了提炼，并且没有停留在内容梳理这个层次之上，同时找出了一些规律。三是创新循环闭环，为技术-商业-资本进行了有机融合，也符合本书的定位：梳理开源的商业秘密。

总结一下，通过30年的变化与演进，开源呈现以下态势。

① 开源竞争格局的变化：已从开源与闭源的竞争，升级为开源的竞争。

② 开源的范围的变化：正在从公司间的竞争，演变为在公司内部开源项目之间的竞争。

③ 开源形式的变化：已从一种小众行为，变成软件公司的一部分。

第 3 章

开源的良性循环：技术创新与商业创新

开源的历史表明，它的崛起缘于技术和商业创新的良性循环。在技术方面，开源是创建软件的最佳方式，因为它加快了产品反馈和创新，提高了软件可靠性，扩展了支持，推动了采用，并汇集了技术人才。开源是一种技术驱动的模式，这些特征从"免费软件"时代就已经存在了。

然而，只有当技术创新与商业创新结合时，开源的全部潜力才能够充分发挥出来。如果没有商业模式，比如付费支持、开放核心和 SaaS 模式，就不会有开源的复兴。

经济利益创造了一个良性循环，或称为"飞轮效应"。我们拥有的商业创新越多，开发者社区就越大，从而能够刺激更多的技术创新，进而也增加了对开源的经济激励。

开源成功的主要因素：三大支撑

开源企业的成功有赖于三大支柱，参见图 3-1。它们最初以分阶段形式展开。在成熟公司里，它们成了可持续发展业务需要保持和平衡的支柱。

项目-社区契合度：指的是开源项目创建了一个开发人员组成的社区，社区开发人员积极为开源代码库做贡献。这个契合度可以通过 GitHub 的星星数、代码提交数、代码拉取请求数（pull requests）或贡献者数量的增长来衡量。

产品-市场契合度：指的是用户对开源软件的采用。这个契合度可以通过下载和使用数量来衡量。

价值-市场契合度：指的是你找到的开源软件中客户愿意付费的价值所在。这个契合度是以收入来衡量的。

在公司的整个生命周期里，这三个支柱都必须贯穿其中，而且每一个支柱都要有一个可衡量的目标。

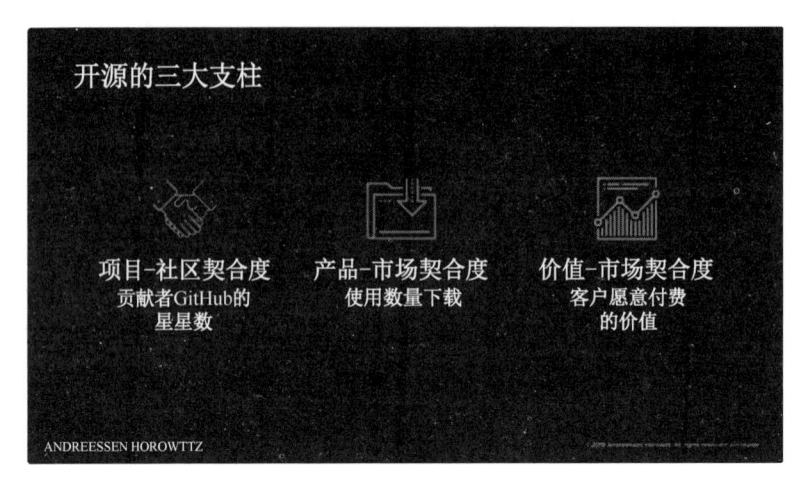

图 3-1　开源的三大支柱

项目-社区契合度

项目-社区契合度是第一个支柱，它关系到至关重要的社区质量和项目对开发人员的吸引力。尽管开源软件社区的规模各不相同，但是，强有力的追随者和不断增长的社区人气是一个开源软件项目能够激发一群开发人员浓厚兴趣的关键指标。这些指标包括 GitHub 的星星数、协作者数量和代码拉取请求数量。

开源项目可以在很多地方启动，包括在大公司或学术界。但是，项目从哪里开始并不重要，重要的是它有一个项目领导者来推动工作，而项目领导者通常会成为商业实体的首席执行官。

实现项目与社区的契合需要高度参与，并且需要得到开发者社区的持续认可。最好的项目领导者会在包容和决断之间达成微妙的平衡：他们需要对项目的方向做出明确的决定，同时要确保每个人的声音都被听到，所有人的贡献都得到认可。当这个平衡达到时，这个项目就会保持健康增长，并会吸引更多的人来贡献和分担项目工作。

我们强烈倾向于为开源软件项目的领导者提供支持，因为他们对代码库了如指掌，他们是维系开发者社区的精神和愿景的守护者。

▶▶▶ 产品-市场契合度

一旦你有了一个项目领导者和一群活跃的合作者，下一个阶段就是理解和衡量产品与市场的契合度。在这个过程中，项目领导者需要明确：开源软件帮助解决的问题是什么？它是为谁解决问题的？市场上都有哪些替代品？如果没有对用户及其用例的清晰理解，项目可能会变得方向不明，进而失去动力。

当上述问题得到回答时，你将观察到通过下载次数来衡量的有效采用。产品与市场的契合是日后畅销的前提。理想情况下，开源软件用户会成为增值产品或服务渠道的先行者。

在研究产品与市场的契合度时，重要的是要考虑怎样描绘你的商业产品，以及你将如何提供人们愿意付费的价值。我想指出的一个常见陷阱是：有时，一个开源软件产品可能很好，产品与市场的契合度也非常好，但是，不需要价值与市场的契合度，这意味着没有自然延伸来驱动收入。因此，当你在推动有效采用的同时，你和你的社区应该仔细考虑将来哪些东西能够商业化。

▶▶▶ 价值-市场契合度

最后一个阶段，通常也是最困难的一个阶段，是找到价值与市场的契合度，并以此来产生收入。产品与市场的契合度通常由个人用户决定，而价值与市场的契合度则通常以部门和企业购买者为中心。价值与市场契合的秘诀在于专注于客户关心和愿意付费的东西，而不是你能赚钱的东西。

通常，价值与市场的契合度不在于产品提供的功能，而是与产品如何被采用，以及它所驱动的价值类型有关。开源软件提供的价值不仅仅是它的功能，而是它的操作优势和规模特性。因此，在考虑商业产品时，需要考虑的一些问题是：你的产品是否解决了核心业务问题，或者提供了明确的运营效益？它是否很难复制，或者很难找到替代品？开源软件是否有实现规模化的能力，需要相应的团队或组织来支持？

开源公司已经发现了价值-市场契合度的一些特征，例如：RAS（可靠性、可用性、安全性）工具、附加组件性能审计服务等。

选择商业模式

你选择什么样的商业模式取决于你能为客户提供什么样的价值，以及如何最好地提供这种价值。需要注意的是，这些商业模式并不具有排他性，并且可以使用多种模式的元素来构建一个混合业务。

支持和服务是开源 1.0 时代的模式，而红帽（Red Hat）在这方面真正垄断了市场，并实现了规模化。如果你决定沿着这条路走下去，你很可能最终会与红帽展开竞争（这就是为什么我在 5 年前写了"为什么永远不会有另一个红帽：开源经济学"这篇博文的原因）。

开放核心（Open Core）模式是一个很好的内部部署的软件模式，它在开源软件的基础上增加了增值的专有代码。如果你拥有超级有价值的组件（如安全或集成组件），并且这些组件可以保持专有性而不会损害开源的采用，那么开放核心将是一个很好的模式。这里的最终陷阱是，你的社区决定用户不喜欢你在专有代码端的行为，用户会分叉项目，或者围绕同一个代码库启动一个新项目。

在软件即服务（SaaS）模式中，你提供了一个软件的完整托管产品。如果你的价值和竞争优势在于软件的卓越运营，那么 SaaS 将会是一个不错的选择。然而，由于 SaaS 通常是基于云托管的，因此公有云可能会选择使用你的开源代码并与你展开竞争。

云服务和开源公司竞争的护城河

一旦开源业务达到一定的成熟程度，公有云的威胁和软件许可的话题就有可能出现。软件许可是一个备受争议的话题，这固然很重要，但对于初创公司来说，并没有必要花太多时间来考虑软件许可问题。

有时，我们过分夸大了公有云服务商的威胁。虽然云服务商可能会托管一个开源项目，但迄今为止，据我所知，没有一家开源公司完全被云服务商所取代。

对于一个开源公司来说，更重要的问题是，如果代码不是开源公司竞争中的护城河，那什么才是呢？

答案可以追溯到最初关于开源为何如此强大的问题之上——社区和你对开发的看法。独立的开源公司有三大竞争优势。

企业客户不希望被服务商锁定。客户想从编写代码的人那里购买软件。大公司没有发挥开源贡献者的专长。当把这三件事结合起来考虑时，我认为这是一个真正具有竞争力的附加值，也是迄今为止我们很少能够看到大型云服务商完全取代独立的开源公司的原因所在。

但事实上，这样的事情还是发生了，下面让我们看一下下面这个故事。

案例：MongoDB 遇上 AWS

故事发生在 2019 年 1 月份的一天，MongoDB 的股价大跌 13%，背后的原因是 AWS 推出了一款基于云端的新数据库软件 DocumentDB，这正好是我们上面所讲的云服务商与 MongoDB 的矛盾。云服务商开始抢文档数据库 MongoDB 的饭碗！

那这是怎么一回事呢？MongoDB 和云服务商的不和不是一两天的事情。2018 年 10 月，MongoDB 对云服务商"随意"使用其代码库的行为表达了不满，于是修改了开源授权协议。MongoDB 将开源许可证从 GNU AGPLv3 转移到 SPPL，让之前免费使用 MongoDB 数据库的云厂商要想继续用，就要购买授权，或者把自家的容器、存储等服务的源代码以开源的形式回馈社区，于是就发生了前面的事情。从事情发生到现在，已经一年多了，那这种事情最终结果是怎样的呢？让我们看一下 MongoDB 的业绩情况。

2019 年 12 月 10 日，开源数据库公司 MongoDB 宣布了截至 2019 年 10 月 31 日的第三季度财务业绩。根据财报来看，MongoDB 营收同比增长 52%，净亏损为 4 240 万美元，好于市场预期，较之前几个季度的亏损数还是有些许上涨。受财报发布之后的影响，MongoDB 的盘后股价涨幅超 8.96%。

本季度赢利亏损好于预期，订阅量强劲改善推动了增长。财报发布后，MongoDB 盘后股价为 142.75 美元，涨了 8.96%。截至 2019 年 10 月 31 日，客户超过 15 900 人。

那么，这是一家怎样的公司，居然会与 AWS 这样的巨头产生竞争呢？

MongoDB,Inc. 起初以 10Gen,Inc. 的名称，在 2007 年 11 月根据特拉华州的法律成立，后来公司更名为 MongoDB, Inc。据悉，MongoDB 是一个文档型数据库，使用的是二进制 JSON 的 BSON 文件格式。MongoDB 公司拥有这款产品的知识产权，之后 MongoDB 就开源了，成为开源软件。

从现在看来，虽然云巨头的竞争在一时会影响开源企业的股价，但从长远看，还很难讲结果如何。

讨论完这个问题之后，让我们继续讨论开源项目的三个支柱，并同时讨论如何围绕它们构建一个组织。

对于一个开源公司来说，它必须要回答的一个重要的问题是：如果代码不是竞争的护城河，那什么才是呢？答案是社区！

进入市场：开源是营销漏斗的顶端

开源社区位于一个由开发人员驱动的营销漏斗的顶部。建立业务就是将这个开源的营销漏斗的顶部连接到一个强大的价值驱动的商业产品上。营销漏斗的概念并不新鲜，但对于开源公司来说，它的表现确实有所不同。

在本节中，我们介绍在营销漏斗的不同阶段，开源工作是如何集成和组织到商业工作中的，以及如何使每个阶段与其他阶段协调工作。

开源市场的营销漏斗分为四个阶段，每个阶段关键的组织功能将在下面详细介绍。

开发者社区的管理提高了你对开源产品的认识和兴趣。有效的产品管理为免费开源产品打下了用户基础。潜在客户和业务开发，用以评估用户的意图，以便识别企业的潜在价值和销售机会。自助服务（自下而上）和销售服务（自上而下）为企业提供并扩大付费产品或服务的价值。接下来，让我们更详细地看一下每个阶段及其功能。

▶▶▶ 第1阶段：对开源产品的认识和兴趣
——开发者社区管理

通过用户注册数量和下载数量来衡量开发人员的口碑，对营销漏斗后期的成功至关重要。在公司成立初期，创始人往往是公司成立初期的第一批传道者。随着公司的发展，拥有一支由开发人员组成的专门团队是非常重要的。

公司需要调整销售和开发人员在社区布道传播的信息，因为公司不希望社区经理是在"销售"。他们应该引起人们对产品的兴趣，并让人们了解产品，任何对销售的强调都可能损害销售和开发人员在社区内的信誉。

启动业务时，公司还需要决定开源项目的名称，并思考其是否和品牌相符。不同的名称，如 Databricks 和 Spark，可以防止品牌稀释，并提供许可灵活性。而同一个名称通常会为开源软件项目提供更多的动力，但如果社区成员意识到自己被利用是为了牟利，他们可能疏远开源社区。

最后，用户注册数量和下载数量是开源软件和专有软件受欢迎程度的共同衡量标准。在 XenSource 公司，曾经有过不准确的统计数字，因为我们的下载计数里包括了大量已经启动但尚未完成的下载。

第 2 阶段：深思熟虑——产品管理

接下来是"深思熟虑"。一旦你参与了一个开发者社区，你的目标就是最大限度地激发开发人员和用户的喜爱，让你的产品被采用，并挖掘其背后的价值。开源营销漏斗的第二阶段通常是通过产品管理来完成的。

有效的产品管理将执行许多功能来支持这一阶段：管理封闭和开源的路线图，将决策传达给你的开发人员和用户，并在产品中构建分析，以收集更多关于使用模式的信息，预测销售机会。

与专有软件不同，开源企业通常需要管理两个路线图。开源软件公司的首席执行官和创始人通常把大部分时间花在管理路线图上。

成功的公司创始人都有一个框架或指导方针，帮助他们描述和沟通什么是付费的，什么是免费的。例如，PlanetScale 的开源项目致力于保留能够导致服务商锁定的东西，这个价值观能够维护开源社区和企业客户的良好愿景。有一个功能比较表对工作来说是很有帮助的，这样，客户和社区就能理解免费软件和付费软件所提供的价值有哪些不同。

研究和开发的透明度及将社区反馈纳入产品路线图，对于维护社区信任尤为重要。许多成功的开源公司仍然活跃在相应的开源项目的贡献者中，并且常常是领导者。例如，Databricks 对 Spark 的贡献是其他公司的 10 倍。

说到产品本身，公司应该建立一套分析机制，来帮助了解用户，并预测开源软件用户转化为买家的百分比。一旦用户拥有了产品，产品使用分析将有助于从价值-市场契合度中识别产品-市场契合度。例如，如果结果稳定地显示，每 100 个用户中，有 5 个可以转换为付费用户，那么你可以使用 5% 作为一个估计值来构建财务模型。

这是一个复杂的过程，你应该试验产品包装来识别免费和付费之间的界线。对于许多开源软件创始人来说，产品试验是一个永无止境的旅程，市场的成败一部分取决于产品反馈周期。

第 3 阶段：评估和意图——潜在客户和业务开发

营销漏斗的下一个阶段是评估和意图。这是通过潜在客户开发和销售开发来验证和完善的理论。目标是找到从用户到企业买家的路径，通过销售线索来衡量成功与否。

第一部分是对外营销。对外营销应根据营销漏斗顶部的那些开发者众所周知的模式，优先考虑针对特定细分市场的营销活动。关注开源用户，了解哪些角色和部门正在使用该产品，以及他们的兴趣是什么。然后，你可以将你的对外营销目标对准那些认为你的产品有价值的工程经理、开发人员或 IT 部门。

接下来是销售开发工作。销售开发代表（SDR）应该帮助客户获得成功，而不是过度推销。

当营销活动获得销售线索后，有两个主要的筛选条件来鉴定它们：1）开发人员或者用户代表的组织是什么？2）他们是否下载或参与了你的项目，以获取与企业目标一致的相关利益？

第 4 阶段：采购和扩张——内部和现场销售

一旦你有了销售线索，你就可以向企业提出两种方式的销售建议。第一种，自下而上的自助服务方式，即企业内的用户有组织地采用，并且为产品付费。一般来说，这个产品是为个人设计的。第二个是销售-服务方式，使用更传统的自上而下的方式在部门层面达成交易，或者扩大其在整个企业的使用。

成功和失败是什么样子

正如 Martin Casado 在题为"增长、销售和 B2B 的新时代"演讲中指出的那样，协调持续性的增长和企业销售，可能会导致开源业务常见的三种失败模式。

在第一种失败模式下，你的开源用户不会成为买家。在这种情况下，你有很好的产品与市场契合度，但是没有价值与市场契合度。

在第二种失败模式下，你的开源软件项目增长落后于你的企业销售。在这种情况下，产品与市场的契合度可能并不那么好。

在第三种失败模式下，你的商业产品会破坏你在开发者社区中的信誉。很可能是因为私有资源太多，而开源资源不足，导致你的开源项目最终走向枯萎。

营销漏斗的顶部提供了通往自上而下的所有阶段的钥匙，所以，在正式的市场营销和销售之前，首先要对开发者社区、开源项目和用户进行投资。永远不要忽视三个核心问题：谁是你的用户？谁是你的买家？你的开源和商业产品是如何为每个人提供价值的？

如果成功，你可能会看到一个类似于图3-2的成功案例图表。Y轴代表从每个客户身上获得的收入，X轴代表时间。这张图显示了自上而下和自下而上的销售情况，因为它把两方面的收入汇总在了一起。这里的要点是：如果你的收入看起来像一块蛋糕，这是一个好迹象。最上面的线代表来自单个用户的自下而上（自助服务）的收入，通常这是一条收入线。下一个收入线是销售给部门买家的，但这是自上而下的，通常使用内部销售。蛋糕的下一个环节是现场销售，或者称为直接销售，它们销售或扩大给整个企业的客户。为了优化每一个收入线，不要让销售活动就这么发生；一定要找到一个拥有特定功能，并且有目的推动工作的人。

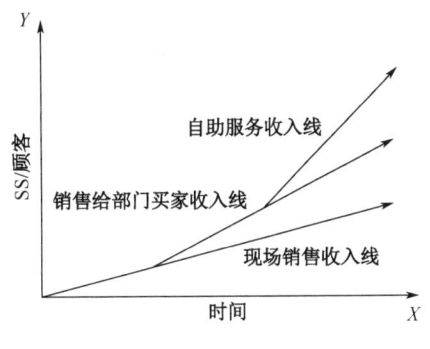

图 3-2 成功案例图表

最后，根据你的产品，你可能只有自助服务或只有内部销售。没有关系，这取决于产品的复杂性，以及在哪里和如何最好地使用它。我确实发现，大多数开源公司都有一些自上而下和自下而上的销售组合，它们通常从自下而上开始，然后在上面构建一个收入扩张体系。

OSS3.0：开源是每个软件公司的一部分

随着软件席卷全球，开源正在席卷软件世界。

如今，从脸书（Facebook）到谷歌（Google），几乎所有的大型科技公司都是在开源软件的基础上开发的。越来越多的公司在建立自己的开源项目。例如，爱彼迎（Airbnb）有30多个开源项目，Google有2 000多个开源项目！

今后，这种良性循环将继续下去。在技术上，人工智能、开源数据和区块链是一些新兴创新的例子。下一代商业模式可能包括：广告支持的开放源码软件，比如大型私有企业支持的开源项目，数据驱动的收入等。

我相信开源3.0将扩展我们对开源业务的看法和定义。开源将不再只是红帽、Elastic、Databricks和Cloudera。它将是（至少部分是）脸书、爱彼迎、谷歌，以及其他任何将开源作为其技术堆栈的企业的战略选择。当我们以这种方式看待开源时，正在进行的开源复兴可能仅仅是它的初级阶段。

开源软件的市场和可能性比我们所想象的要大得多。

第4章

开源软件的繁荣背后的秘密

开源模式的创新体系

技术创新、工程创新、商业创新与资本创新,这些都是开源的商业秘密。以四个创新驱动,突破了之前的两个创新:技术创新与商业创新的约束。这应该是更系统地对开源创新体系的总结。在此基础上,我们可以更好地理解开源为什么能这样快地发展,对社会产生如此巨大的影响。

技术创新

技术、架构的创新与升级,是从 SOA 到微服务,从 API 到服务集成的发展过程。

在开源发展过程中有很多重要创新,这里仅对一些具有里程碑意义的创新做一个简要介绍。

C 语言的诞生:这个创新在于解决了系统的兼容性与可移植性,为软件的独立发展奠定了坚实的基础。

UNIX 操作系统:将软件从硬件中独立出来,成为一个可以自由发展的产业。

Apache 服务器的诞生:为 Internet 的发展奠定了系统基础。

Linux 操作系统:使得开源软件的自由发展成为可能,使软件创新不再受制于软件版权的限制。

LXC 容器:为分布式计算、存储等奠定了系统基础。

Git 与分布式系统:开启了软件工程管理与系统设计思想新模式。

工程创新

从手工作坊到敏捷开发,再到 DevOps 开发运维一体化,工程创新沿着自动化与智能化发展。

在开源发展过程中，技术创新是一条主线，推动着互联网、移动互联网、物联网、大数据、云计算及人工智能和芯片技术的发展。

另外，软件工程的创新与升级经历了个人英雄主义的黑客阶段，软件工程的保存也经历了作坊式的手工管理、人工复制系统到磁带、磁盘，然后通过线下邮件进行邮寄模式等阶段。

伴随着互联网的到来，软件工程可以通过工作组进行交流，BBS 进行讨论，电子邮件及 FTP 服务器进行文件与系统内容的传递与共享。

伴随着云计算的推动，以及 Git 软件的开发，分布式的管理模式成为单个项目管理的重要方式。

将 Git 云化与 SaaS 化之后，软件代码托付管理实现了开发者与用户之间端到端的集成。为了满足不断快速发生的变化，在这个过程中，从需求的管理、开发代码管理、应用集成、交付与部署都进行了相应的升级。网络化、自动化、数字化与智能化的软件工程管理模式开始有大规模的应用，开发与运维一体化的发展，DevOps 等技术的成熟，使得开源软件全生命周期的工程管理进入一个全新阶段。

认真审视这个过程，站在工业 4.0 的角度上看，这是从手工作坊式的软件开发，到工厂式的开发，到网络化、数字化、智能化发展的全过程。可以看出，软件工业也正经历着第四次工业革命。正如前三次工业革命一样，事实都在告诉我们：先进的技术与模式都是先从自身的应用开始的，并且具有颠覆性这一论点。在效率与效益上有了突破，才真正具有革命价值，释放生产力。

如果顺着这个逻辑走下去，开源是释放了个人的创新能力，也加强了社会化的协同创新能力。在专利的基础上再进一步，本身就是对于专利运用的革命，这一点也是笔者在梳理开源发展过程中的体会。在当下，在国内发展需要及国际关系的影响下，中国正在加强专利的保护。如果不与时俱进的话，专利保护又将重复走别人走过的老路，不是促进创新，而是阻碍创新的生态。这一点也是我一直比较担心的，所以在本书中也会讲到许可与专利应用的创新。这也是现代技术得以快速发展的重要动力之一。

更多详情查阅以下网址信息：

https://blog.csdn.net/zhaipengfei1231/article/details/90052172；

http://www.sohu.com/a/280059279_268033。

商业创新

软件服务收费：软件不收费，通过为客户提供前期的技术咨询与安装及运营服务进行收费的模式。

个性化定制软件收费：利用开源的代码系统，根据客户的需要进行快速的系统定制。

订阅收费：客户可以根据自己的需要进行相关服务的订阅，同时可以选择不同的定制化服务。

按需选择，自助服务：商务的自动化，根据客户自身的选择进行自助服务。从服务的选择到下单，到交付及付款，形成完整的自助服务体系。

资本创新

基金会模式：这个模式的好处在于可以让前期的创新项目有一个基本的资金保障，确保在没有进行商业化的时候就可以开始创新工作，这可以保持创新者的初心，而非一开始商业化。

生态自我投资：通过基金会孵化项目，在得到资本或快速发展之后，这些成功者有很多人成为投资公司的合伙人，能够识别出项目的潜力，并大胆地进行相应的投资。

投资范式创新：根据互联网的特征设计出互联网的融资模式、流量模式、众筹模式、订阅模式等。在整个开源发展过程中，投资人也将开源的思想带入开源投资领域。

开源与博弈论、长尾理论

这里，我们借用红帽开源副总裁、开源促进会（OSI）主席 Michael Tiemann 的观点：博弈论和长尾理论，这两个分别在开源软件诞生之前、之后产生的理论，如今看来却可以看作是能够解释开源现象的重要理论支撑。

其中，长尾理论可以解释为什么开源社区开发模式能够产生巨大的能量，并且高效；而博弈论则能够解释开源软件规则的必要性，以及社区开发为什么能够持续下去的原因。

2005 年，Chris Anderson 的畅销书《长尾理论》对传统的"20/80 定律"产生了冲击。"20/80 定律"源于 1897 年意大利经济学家帕累托归纳出"20%的人口享有 80%的财富"的统计结论。它表现了一种不平衡关系，即少数主流的人（或事物）可以造成主要的、重大的影响，以至于在市场营销中，为了提高效率和利润，商人们把主要精力放在"20"的顾客或者畅销商品上，而忽视了"80"的一般大众消费者和大量非畅销商品。

长尾理论则指出，被忽视的"80"聚集在一起的话，也能产生巨大的能量，就像一片很广阔的分散区域，如果可以把握这一块地盘，收获将不一定会比集中火热的区域成就少。也就是说，只要存储和流通的渠道足够大，需求不旺或销量不佳的产品所共同占据的市场份额可以和那些少数热销产品所占据的市场份额匹敌，甚至更大。众多小市场可汇聚成与主流大市场相匹敌的市场能量。

长尾理论主要揭示了一种经济法则,在软件开发上也同样适用。一项对 12 个封闭开发的商业软件和 12 个基于社区开发的开源软件的比较研究证明，从开发者对于产品贡献的比例角度来看，封闭开发类似于 20/80 理论，而社区开发则类似于长尾理论。

在封闭开发环境中，20%的开发者对于产品的贡献达到了 80%，但剩下的 80%开发者却效率低下。而在社区开发环境下，由于有成千上万的志愿开发者，工作不是分派的，而是由志愿者自己选择的。没有人进行系统架构级别的设计，没有项目规划，没有日程表，也没有人设定交付日期，任何细小的缺陷或者错误都会马上得到发现和修改，因此，开发效率比在封闭开发环境下要高许多。

故事一：Airbnb 的开源驱动力

像许多初创公司一样，Airbnb 受益于其他公司的经验：即使它提供了人们喜欢的服务，有些公司（即出售酒店或预订酒店的公司）也讨厌使用。虽然出租空置的公寓或房子不是一个新主意，但 Airbnb 将这一切推向了一个新的高度。无论你是租房的人，还是出租人，都成为推动 Airbnb 业务发展的催化剂。

Airbnb 于 2008 年在大萧条时期兴起，而创始人成立公司的想法与人们将闲置房间或整栋房屋放在网站上出租的原因相同：联合创始人 Joe Gebbie 和 Brian chesky 在旧金山有一个阁楼，他们生活窘迫，所以他们想把它出租。两年后，经过大量工作，Airbnb 于 2010 年 11 月完成了第一轮融资，金额为 720 万美元，其发展类似爆炸性增长的曲棍球曲线。2015 年 6 月，在第七轮融资中，Airbnb 筹集了 15 亿美元的风险投资，使其总收益达到 23 亿美元，估值超过 250 亿美元。

开源是 Airbnb 成功的秘诀之一：纽约市有 70%的人在 Airbnb 上出租房屋，这样做是因为如果不这样做，他们很难把公寓或房屋出租出去——就像 Airbnb 创始人七年前所面临的情况一样。我们认为在该国其他城市和可供出租的度假屋中也发生着同样的故事。Airbnb 目前已经扩大到在全球 190 个国家的 40 000 个城市（当然还有农村地区）拥有 120 万个预订量，共享经济在 Airbnb 的受欢迎程度方面发挥着重要作用。

向网络公司学习

Airbnb 的工程副总裁 Mike Curtis（以下简称 Curtis）在 AltaVista 搜索引擎工作时期开始关注网络信息化，AltaVista 在 Google 出现之前是许多人都使用过的搜索引擎。几年后，Curtis 成为美国在线（AOL）的软件工程师，设计 Web 爬网代码，并在 Yahoo 工作了近八年，负责其邮件和 Messenger 平台，然后在 Facebook 担任了几年用户总监，领导其用户增长和参与团队。自 2013 年年初以来，Curtis 一直担任 Airbnb 的工程副总裁。

当 Curtis 来到 Airbnb 时，他不必应付的事情之一就是面对挤满了服务器、存储和网络的数据中心。考虑业务的发展和成立时间（AWS 推出两年后），Airbnb 不拥有自己的 IT 设备并不奇怪。

Curtis 说："我们使用 AWS，而那些错过了业绩的公司却拥有数百或数千名工程师来管理它们的数据中心。""AWS 面世之后成立的公司回避了很多和我们的竞争，对此我深表感谢。我认为，对于我们的工程师而言，尽可能多地专注于我们业务特有的事情，而不是运行大量的基础架构，这非常重要。"

当然，这在 AWS（Amazon Web Services）于 2008 年左右成熟之前是不可想象的，而且很少有超大规模的开发者和云构建者能够与 Airbnb 相比。Airbnb 不仅拥有自己的基础设施，而且他们设计、定制和构建基础设施，以及将其存储在适合自己的数据中心中。

Airbnb 发展迅速。Curtis 介绍，Airbnb 大约有 5 000 个 EC2 实例在 AWS 上运行，其中大多数是保留实例。这些 EC2 实例中约有 1 500 个被部署用于其应用程序的面向 Web 的部分，其余约 3 500 个 EC2 实例被用于各种推动业务发展的分析和机器学习算法实践上。这个比例很有趣，并且随着 Airbnb 的增长，专用于分析和机器学习的计算能力的实例数量相对于业务交易处理部分的实例数量逐年增长。原因很简单。随着 Airbnb 上越来越多的可用地点，越来越多的人开始使用它，面临的挑战不是找到可出租的地方，而是找到合适的地方，这样既可以满足房客的需求，又可以满足房东的需求。

"我们在工程领域所做的一切都是为了在人与人之间建立良好的匹配关系。"Curtis 说。"每个旅行者和每个出租人都是独一无二的，人们对于旅行体验中想要的东西有不同的偏好。因此，我们在工程方面所做的许多工作都是关于如何将合适的人选拔在一起以获得真实世界的离线体验。这是我们所做的一部分工作。一部分工作是机器学习；另一部分工作是搜索排名；还有一部分工作是欺诈检测，使坏人离开网站，并核实人们的身份，以促使他们说出自己的真实身份。一部分工作与用户界面有关。许多技术都是围绕博弈展开的。"

诀窍是使用搜索引擎和机器学习根据房客和房东的偏好提供选择，这些偏好在配置文件中是显式的，在 Airbnb 网站上的交易和搜索历史中是隐式的。因此，举例来说，假设你想在几天后去巴黎旅行。巴黎在 Airbnb 上约有 40 000 个房源，其中 10 000 个可用。根据你的喜好，可能会有大约 1 000 个可能的住宿地点。但是，房客不可能单击这 1 000 个位置，因此，Airbnb 需要为用户偏好设置过滤器。例如，是否需要 WiFi，有没有宠物，是否需要别墅等。

Curtis 说："凭直觉，我相信我们会充分利用我们的工程师来推动业务发展，并在 AWS 上以经济高效的方式开展业务。产生这种直觉的部分原因是，我很久以前曾经管理 Yahoo Mail 工程团队，我们在服务器和成本优化上花费了大量时间，并弄清楚了如何从我们正在运行的 NetApp 文件管理器中挤出更多的钱。我认为我花在此上的时间与花在使 Yahoo Mail 成为更好的产品上的时间百分比大概是 50∶50。也许应该是 5∶95。"

对房客和房东的深刻理解也推动了 Airbnb 一项功能的面世，即即时预订（Instant Book）。顾名思义，该项功能使客人可以立即预订住宿。但是 Curtis 说，这需要对主人的喜好和房客的行为有深刻的了解，这不只是一张信用卡的问题。大约一年前，约有 40 000 个 Airbnb 网站可以即时预订，现在，它在全球 120 万个网站中约有 200 000 个 Airbnb 网站可以即时预订。

与许多公司一样，Airbnb 开始使用一些开源软件，随后对其进行了大量修改和扩展，以创建其机器学习增强型搜索引擎。"我们使用的核心索引技术是 Lucene，但实际上我们只使用了倒排的文本技术。"Curtis 解释说："我们应用的所有排名和机器学习功能都是基于我们自己的代码。就机器学习实验而言，我们现在就在 CPU 上进行实验。我们还没有遇到 CPU 的计算限制，但是我知道很多人因此使用 GPU。我们可能会在某个时候做到这一点。"

Airbnb 于 2019 年早些时候公开了它的第一个机器学习实验，该公司的数据科学家兼顾了房客和房东的住宿偏好（有些客人喜欢短暂停留，有些客人喜欢长期停留；一些房东不介意最后一刻预订，有些房东对高入住率更感兴趣，而其他房东只希望偶尔租房），从而使预订率提高了 4%。这看起来似乎不多，但意义重大。Airbnb 机器学习实验示意图参见图 4-1。

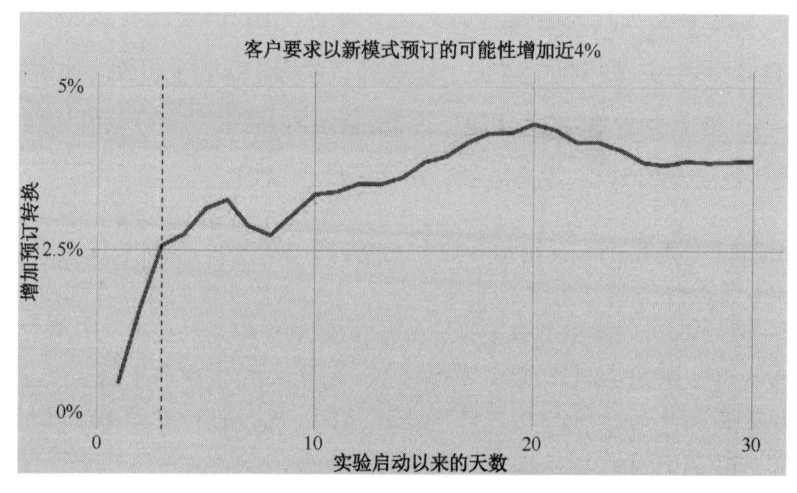

图 4-1　Airbnb 机器学习实验示意图

机器学习算法还落后于 Airbnb 的动态定价功能，该功能遍历世界各地的主机，创建邻居，并帮助设置定价，从而提高了 Airbnb 上可用地点的出租率。Curtis 说，在早期测试中，将出租价格定在机器学习算法提供的建议租金的 5% 偏差范围以内的房东们，比其他房东获得了 4 倍预订的可能性。

为了使机器学习更容易嵌入到应用程序中，Airbnb 创建了一个名为

Aerosolve 的工具，该工具可在 GitHub 上开源。该工具可插入 Apache Spark 内存处理引擎。Aerosolve 可以做很多事情，但重要的是让数据科学家了解机器学习算法内部的实际情况。该算法为客人提供出租价格建议。这就是机器学习黑匣子问题。

"很多时候，软件将建立一个机器学习模型，使用它评估数百个变量和数千个决策路径，用户很难理解为什么它会给出建议。"Curtis 解释："你认为建议是好的。但是你不知道它们有多好。Aerosolve 为开发人员提供了一种迭代机器学习算法，这是了解幕后情况的绝妙方法，并且还能够运用人类的直觉来产生更好的结果。我认为 Aerosolve 确实很有前途，很高兴看到人们真正使用它。"

Hadoop 堆栈不断发展

当然，Airbnb 使用的驱动网站及其分析的核心数据平台是 Hadoop，并且所有的内容都存储在 Hadoop 分布式文件系统中。Airbnb 不久前使用了 Amazon 的 Elastic MapReduce 服务，并将其自己的 Hadoop 在 AWS 的 EC2 计算实例上进行了汇总。但是，在过去的一年中，它已从 Cloudera 转变为企业级 Hadoop 平台。Curtis 说，Airbnb 必须在 EC2 上构建自己的 Hadoop 集群，因为它超出了 EMR 服务规模。同样重要的是，它希望能够提供镜像的 Hadoop 集群，并具有对堆栈的细粒度控制。Airbnb 使用 S3 来存储网站图像及 Hadoop 集群中的数据备份，并在 AWS 的美国东部地区以外的地区提供服务，并能够为美国西部和美国东部地区提供备份。

Curtis 介绍："实际上，我们必须进行大型集群迁移，以将所有数据基础架构分为两个单独的镜像集群：一个运行所有关键业务，必须按时运行和完成工作；另一个用于临时查询。当我们将它们全部运行在一个集群上时，人们会对从数据中学习感兴趣，以至于临时查询可能会妨碍一些关键业务工作。"

除了 HDFS 文件之外，Airbnb 还使用 Hive 创建一个数据仓库，使用了由 Facebook 创建，并由 Facebook 开源的 Presto SQL 查询引擎。Curtis 说，对于那些可能具有多个链和依赖关系的长期运行的查询来说，MapReduce 并没有完全失效，而且很有用。Hive 不像 SQL 那样支持子查询，并且这种使用 MapReduce 的编程方法得到的结果与子查询类似。

Curtis 说："Presto 功能强大，并且与 SQL 兼容，因此，查询数据非常容易，而且速度非常快。""它不具备 Hadoop MapReduce 或 Hive 的全部功能——有些功能，你无法使用它——但是对于日常分析而言，它非常强大，并且非常快。"

Airbnb 向员工讲授 SQL 类，这样每个人都可以学习查询其维护的数据仓库，并且还创建了一个名为 Airpal 的工具，可以更轻松地设计 SQL 查询，并将其分配到数据仓库的 Presto 层（此工具也已开源）。Airpal 于 2014 年春季在 Airbnb 内部开源，在第一年内，该公司 1/3 的员工已针对数据仓库启动了 SQL 查询。

将 OLTP 工作与临时查询隔离开来是整个数据仓库运动的开始，这在 20 年前使 Teradata 出了名。

如今，Airbnb 的两个 Hadoop 集群使用 Kafka 保持同步，以进行日志收集，并同时将数据流传输到这两个集群。Airbnb 已经创建了自己的工作流和称为 Airflow 的提取-转换-加载（ETL）工具，并已开放给其他人使用。Airflow 与 HDFS、Hive、Presto、S3、MySQL 和 Postgres 挂钩。

除其他事项外，Airflow 从 Airbnb 站点接收非结构化数据流，并为其添加结构以将其转储到 HDFS 顶部的 Hive 表中。"人们有很多奇怪的方法来解决这个问题，对我们来说，很长一段时间，都是由一堆脚本组成的 CRON 作业，而当你获得数百个或数千个 CRON 作业时，这些作业都是半相互依赖的"Curtis 解释。"因此，Airflow 提供了一个非常干净的编程系统，可以进入并编写、监视和调试 ETL 系统。"

为了在 AWS 上管理集群，Airbnb 使用 Chef 进行配置管理。有趣的是，尽管 Mesos 集群控制器是由 Twitter 和 Airbnb 创立 Mesosphere 的技术人员商业化的，但 Airbnb 如今并没有太多地使用 Mesos。

Curtis 解释："我们拥有一小部分数据基础架构和调度功能，但是我们的大多数基础架构都无法在 Mesos 上运行。Mesos 正在做有趣的事情，当你查看 Mesos 或 YARN 时，这一定会起作用。但这不适合我们。"

Airbnb 是第一家在 Mesos 之上部署 Hadoop 的公司，Curtis 表示，从早期的经验中得出的结果是喜忧参半的。但是，使用者很快发现这是几年前的事，Mesos 有了长足的发展。

"好的部分是我们正在开拓新的领域,而坏的部分是 Mesos 本质上是抽象层，它使你难以理解某些事情，"Curtis 认为："它的设计目的是要容纳一大堆节点，并使它看起来像一个节点。我们发现，特别是当我们在 Mesos 上运行一些新颖东西时，发现该抽象层实际上隐藏了一些使调试变得更难的东西。这并不意味着它不能完成，并且不能做得很好。"

Airbnb 不想运行自己的数据中心，IT 团队每六个月进行一次分析，以将计算、存储容量、成本与其全部投入内部所需的成本挂钩。Curtis 表示，运营自己的数据中心可能比在 AWS 上租用容量要贵 20% 至 30% 左右。专注于数据中心可能意味着不专注于业务。

故事二：Netflix

Netflix 建立了一个称为 Open Connect 的 CDN，以在全球大部分地区分发流媒体。根据 Sandvine 的说法，Netflix 约占整个互联网下游流量的 15%。Netflix CDN 中的内容缓存（也称为 Open Connect 设备，简称 OCA）运行的是 FreeBSD 的轻量定制版本。

在某些方面，这没什么特别的：许多产品都是基于开源操作系统的。但是，Netflix 的行为有些不寻常，因为它的 OCA 操作系统代码紧密跟踪 FreeBSD 的"head"分支（其开发分支）。实际上，对上游 FreeBSD 开发分支的承诺通常会在 5~15 周内在 Netflix 的 CDN 上完成部署。

Netflix 开发团队努力争取每月发布内容缓存。尝试在每个月的发行周期中至少一次同步 FreeBSD 分支机构的最新代码。然后，在将代码遍历 Open Connect 网络之前对其进行彻底的测试。我们会发现一些错误。但是，我们可以与上游开发人员一起修复这些问题，使提交的内容最新。这种早期（并且广泛使用）的代码使上游 FreeBSD 项目可以在众多服务器中快速部署，并能够验证其开发分支代码。Netflix 的优势是能够快速使用新功能，并快速修正错误。

尽管在生产环境中运行"开发"代码令人恐惧，但我们发现它在实践中非常有效。FreeBSD 开发分支通常非常稳定。此外，我们希望发现一些错误。尽早发现并修正错误比后来发现要好。此外，Netflix 致力于将我们大多数具有通用性的定制上游化。

Netflix 的部署技术可以持续构建并集成到全球部署中，为 50 多个国家/地区的成员提供服务。他们对可靠性的关注定义了具有多层故障转移功能的基于云的弹性部署标准。Netflix 还提供技术、运营洞察力、性能和安全性来履行服务责任。这个顶级的 Netflix 开源项目列表包括以下类别：大数据，构建和交付工具，通用运行时服务和库，数据持久性，可靠性和性能，以及安全性。

Netflix 顶级开源项目——大数据

Genie 是一个联邦作业执行引擎，它提供 RESTful API，以运行各种大数据作业，例如 Hadoop,Pig,Hive 等。它还提供用于管理分布式处理集群配置，以及在其上运行的命令和应用程序 API。

Inviso 是用于搜索和可视化 Hadoop 作业的,可以查看作业性能和集群利用率数据界面。

Lipstick 是 Pig 开发者的项目。它结合了 Pig 工作流的图形化描述和有关作业执行信息，为开发人员提供洞察力。该洞察力以前需要大量筛选日志才能拼凑在一起。

Aegisthus 支持从 Cassandra 中大量提取数据，以进行下游分析处理。它是通过为 SSTable 格式实现读取器来实现的，并提供了一个 Map/Reduce 程序来创建包含在列族中的数据的压缩快照。

顶级 Netflix 开源项目——构建和交付工具

Nebula 是 Gradle 插件的集合，Netflix 已将其开源，以与公众共享其内部构建的基础结构。星云插件组织从事促进 Gradle 插件的生成、管理和发布工作。通过在 SCM、CI 和存储库中提供空间来容纳插件完成此操作。

Asgard 是用于管理基于云的应用程序和基础结构的 Web 工具的。Asgard 帮助 Netflix 构建，并将数百种应用程序和服务部署到 Amazon 云上。Asgard 是根据 Apache 许可版本 2.0 发布的。

顶级 Netflix 开源项目——通用运行时服务和库

Hystrix 是一个延迟和容错库，旨在隔离对远程系统、服务和第三方库的访问点，停止级联故障，并在不可避免发生故障的复杂分布式系统中实现弹性保护。在分布式环境中，不可避免地会有许多服务依赖项中的失败存在。Hystrix 是一个库，可通过添加等待时间容限和容错逻辑来帮助你控制这些分布式服务之间的交互。Hystrix 通过隔离服务之间的访问点，停止服务之间的级联故障，并提供后备选项来实现此目的，所有这些都可以提高系统的整体弹性。

Karyon 是一个框架和库，本质上包含实现可用于云的 Web 服务的含义的蓝图。可以将构成 Netflix SOA 图的其他细粒度的 Web 服务和应用程序视为从此蓝图中克隆而来的。

Turbine 是用于将服务器发送事件（SSE）JSON 数据流聚合到单个流中的工具。目标用例是来自 SOA 中实例的指标流，这些指标流为仪表盘聚合。Netflix 使用 Hystrix，它具有一个实时仪表盘，该仪表盘使用 Turbine 聚合来自 100 或 1 000 台计算机的数据。

Netflix 热门开源项目——数据持久性

EVCache 是基于内存缓存和临时缓存的缓存解决方案，主要用 AWS EC2

基础设施来缓存常用数据。

受亚马逊 Dynamo 白皮书的启发，Dynomite 是适用于不同 kv 存储引擎的通用 Dynamo 实现。

Astyanax 是 Apache Cassandra 的高级 Java 客户端。Apache Cassandra 是一个高可用的面向列的数据库。它从 Hector 借用了概念，但在连接池实现和客户端 API 上有所不同。设计的主要考虑因素之一是在连接池和 Cassandra API 之间提供简洁的抽象，以便可以分别自定义和改进它们。Astyanax 提供了一种流畅的样式 API。该 API 可以指导调用者将查询范围从键到列缩小，并为 Netflix 遇到的更复杂的用例提供查询。与 Hector 相比，Astyanax 的操作优势包括更低的延迟、减少的延迟差异，以及更好的错误处理。

这就涉及与数据持久性相关的 Netflix 开源项目内容。

Netflix 顶级开源项目——可靠性和性能

Atlas 用于管理维度时间序列数据，以实现近乎实时的运营洞察。Atlas 具有内存中的数据存储功能，可以快速收集和报告大量指标。它主要是为解决先前系统中的规模和查询功能问题而创建的。

从使用和成本的角度来看，Ice 可以鸟瞰庞大而复杂的云层景观。云资源是由组织内的数十个服务团队动态配置的，任何静态的资源分配快照都具有有限的价值。能够在全球范围内趋势化使用模式，然后将其分解为一个区域：可用性区域或服务团队，Ice 的这种能力提供了难以置信的灵活性。Ice 使我们能够量化 AWS 足迹，并在保留购买和资源重新分配上做出明智决策。

在分析和性能相关的项目之后，让我们接下来谈谈与安全性相关的顶级 Netflix 开源项目。

顶级 Netflix 开源项目——安全性

Security Monkey 监视策略更改并针对 AWS 账户中的不安全配置发出警报。由于它本质上是变更跟踪系统的，因此，它也被证明是跟踪潜在问题的有用工具。

　　Scumblr 是一个 Web 应用程序，它允许执行定期搜索，以及对标识的结果进行存储。Scumblr 搜索利用 Search Providers 插件。每个搜索提供商都知道如何通过某个网站或 API（Google、Bing、eBay、Pastebin、Twitter 等）执行搜索。可以根据搜索提供程序提供的选项在 Scumblr 中配置搜索。

　　消息安全层（MSL）是可扩展且灵活的安全消息传递框架，可用于在两个或多个通信实体之间传输数据。数据也可以与特定用户关联。如果需要，可以将其设置为机密或不可重播。

开源是一种竞争策略

　　从亨利·福特造车，尼古拉·特斯拉开放交流电机专利，IBM 公开 PC 的整体架构，李纳斯的内核采用 GPL 协议，还有埃隆·马斯克开源智能汽车，每一个时代总是会有人打破专利的束缚，促进创新的释放与社会的进步。

　　下面，我们对一些故事进行梳理。在美国制造汽车初期，受专利的影响，造车的成本非常高。汽车厂商没办法，只能组织行业协会与专利拥有者协商，使其享受特惠专利。最终，福特打赢官司并开放专利。这个故事是最早的硬件开源的故事。

　　打破原有竞争格局，建立创新体系。我想之前一直困扰我们的工业控制、工业软件、芯片等各个领域面临的困境，现在都可以找到一种解决方法。

　　从福特到特斯拉，从斯托曼到李纳斯，从谷歌到华为，从 IBM 的 PC 到华为的智能手机，RISC-V 等都在用类似的手法，社会不断进行着创新与突破。在尊重知识的基础上，打破专利对于创新的约束。充分发挥专利对于社会价值的最大化，避免专利在特权的基础上不作为，同时也保护专利拥有者的商业权利。这也是双授权带来的创新红利的释放。当这本书写到这里的时候，笔者也在想，对于中国这样保护专利的国家，在专利 1.0 的基础上，应该直接接受专利 2.0（开放式专利），这将有利于释放专利的商业价值。

从开源发展的自身来讲，有三个重要的技术里程碑：内核、Git 与容器。特别值得一提的是，LXC 也是李纳斯献给人类的一个重大突破，从虚拟化到容器技术，再到后面 Docker 的广泛流行，使得云技术的形成与广泛使用成为可能，还有一个重要的贡献就是成立开源基金会。

在技术创新的同时，商业模式特别是云生态体系的建立，从项目立项到孵化及项目推出，已变得不再是单纯性的技术创新，而是一种生态体系的创新。在创新中孵化出新的技术与公司，通过资本将这个项目与产品规模化，形成影响力。这一点在 Docker 项目上已经表现得淋漓尽致，从而使快速技术创新演进到快速商业化。

这一点在国内的 BAT 生态创新和生态融资方面已经复盘得非常清晰了。

消费互联网的成功，在技术创新的基础上，其从资金的筹措到公司的运作上市获得收益，形成了完整的生态体系与社会体系。

这里你会发现，软件工程师的思维有了充分的展现，他们希望将成功商业变成程序的循环：技术创新、组织创新、商业创新与资本创新。开源的成功可能就是商业的复制。

从这种意义上讲，消费互联网的成功，并非是单纯性融资与烧钱那么简单的事情。其背后隐藏着许多没有透露出来的商业秘密。这也是为什么有些公司，虽然融到资金却没有成功，而有些公司没融到资金却做得非常好的重要原因，这也是工业互联网及工业软件，在进行模式复制过程中需要注意的事情。故事讲到这里，我相信，我不再需要说服任何人，我只需要将这些故事如实讲清楚，然后将选择权归还给他们。此时，真正做出选择的人，也是我们所期待的，有机会用开源实现商业成功的创新者或企业家。

从这种意义上讲，开源是制定了新的规则（GPL）、新的标准（事实标准）、新模式（服务收费）、新生态（开放生态）、新经济（平台经济），这是对于过去卖产品模式的一种颠覆。从这种意义上讲，这是第四次工业革命的重要变革。下面我们从不同时代的案例来介绍和理解开源是如何改变竞争格局的，并且开创了新时代。

故事一：福特的汽车发动机专利分享（工业1.0）

这个故事在讲开源文化的时候经常会被引用，但讲得并不是很详细。在这里，我将结合从不同角度获得的信息进行梳理，相信能够促使大家认识到开源的重要性。

汽车发明专利

乔治·塞登是美国汽车发明专利的拥有者。乔治·塞登先生的题名为"Road Engine"的美国专利US549160，申请日是1879年5月8日，专利授权日则是1895年11月5日，申请日比卡尔·本茨在德国申请的汽车专利还要早八年。唯一的遗憾是——乔治·塞登虽然把汽车专利都写出来了，但是他真不会造汽车。因此，他专心靠他撰写的汽车专利赚钱，从1879年起就开始为未来的二十年专利赢利生涯筹谋。

那么，他是如何操作的呢？

首先，正常人的逻辑是希望专利申请尽早提交，尽早被授权。一个专利提交之后，公开、提审，再让专利局发通知审，被授权出来也差不多需要3年左右的时间。而乔治·塞登的逻辑不是这样的，他觉得这里边有可以筹谋的地方。既然申请授权了，自己也制造不出来汽车，那还不如让自己的专利晚点被授权，憋成"潜水艇专利"。

其次，他又动了另外一个歪脑筋。除了所有的通知书都拖到最后一刻答复，然后再想办法让自己的专利晚点被授权。乔治·塞登发现了专利制度中的漏洞——继续申请（Continuation Application）。所谓继续申请，是美国专利中的一种特殊制度，申请人可以在提交专利后以之为基础再提交一份相同的说明书，权利要求可以相同，也可以有所区别。继续申请在乔治·塞登当时仍然能够享受原始申请的最早申请日。通过不断地在前一申请上修改权利要求提继续申请，同时把前一申请在没授权的情况下就放弃，乔治·塞登的发明始终处于在审状态，又没有被授权因而不会引起竞争对手的警觉。于是，这个"潜水艇"就在水下面窥探着市场上其他竞争对手，有时候还能有针对性地照着前沿技术的发展更改自己的权利要求，直到"潜水艇"浮出水面的时候，也就是该与市场上的竞争对手正面竞争的时候。因此，就在正常人都想让自己的专利早点被授权的时代，没有人能想到专利审查制度会出现这种纰漏，于是审查员只能眼睁睁地看着乔治·塞登改来改去，没完没了地提交继续申请。乔治·塞登的目的只有一个，拖下去，而这一拖就是十几年，一直拖到1895年，各大汽车厂商的车满街跑了，而乔治·塞登的专利也终于在申请日之后的第十六年被授权了。

尽管现在乔治·塞登还是一部汽车也没制造出来，但是和十六年前的区别是，各大汽车厂商都造出不少汽车了，而且看上去居然都跑不出乔治·塞登的汽车专利的保护范围。

于是，乔治·塞登先生就在1899年以每部车15美元专利许可使用费，并且总许可使用费不少于5 000美元的价格把专利许可给了电力车辆公司（Electric Vehicle Co），然后拉着电力车辆公司一起找汽车制造商收专利许可使用费。电力车辆公司与乔治·塞登结盟的原因是因为自己的车都是电动的，而乔治·塞登的发明是基于液体碳氢燃料的。自己本来就没有侵权的可能，还能够堵住用汽油发动机的竞争对手的生路。

汽车大王亨利·福特咬牙切齿地说："非常肯定的是，乔治·塞登对汽车工业毫无贡献，要是这个世界上没有他，汽车工业早就进了一大步。"

坐地收钱的专利人

乔治·塞登和电力车辆公司的组合,靠侵权诉讼威胁了不少汽车制造商,汽车制造商们决定抱团取暖,联合起来组成特许汽车制造商协会(ALAM)和乔治·塞登谈判,最后谈出来的团购价是每部汽车支付车价1.25%的专利许可使用费。ALAM的会员申请和乔治·塞登专利的使用许可只有得到一个五人委员会的一致同意才能批准,这种专利池机制使得ALAM会员能够以远低于专利诉讼所需的成本使用乔治·塞登的专利,但同时也阻止了未取得专利许可的非会员使用该专利,甚至能够对非会员使用者提起专利诉讼。亨利·福特的福特公司起初想加入这个协会,但遭到了拒绝。这个结果也埋下了ALAM覆灭的祸根。

从控制了ALAM协会以来,乔治·塞登先生基本上就切换到了一种坐地收钱的赢利模式。

专利官司

乔治·塞登靠着自己"闭门造车"的发明专利赚了几年钱,直到亨利·福特的福特汽车公司和另外四家汽车制造商拒绝了ALAM的代表要求。

亨利·福特让工厂继续生产汽车,然后就等来了ALAM的侵权诉讼。战斗是在法庭和媒体两线作战的。亨利·福特在报纸上把乔治·塞登刻画成横行霸道的纽约金装律师,把自己塑造成为了养家糊口才出来造汽车的倒霉孩子。亨利·福特一审输了。一审前后打了8年官司,卷宗厚达14 000页,法院判决乔治·塞登的专利覆盖了所有带有汽油引擎的车辆。

ALAM赢了一审之后,就开始大肆做广告,警告福特的客户不要再买福特汽车,暗示那些买了福特汽车的车主可能会受到刑事或民事指控,并且公开宣称"买了福特汽车就等于买了监狱的门票"。亨利·福特针锋相对地在一家全国性报纸上包了四版,为所有福特车主提供基于六百万福特公司资产和六百万债券的法律担保。这场诉讼的结果最终反而促使福特汽车的销售上扬,致使福特汽车当年销量翻了一倍,卖出了18 000辆汽车。

乔治·塞登的专利在上诉中依旧被法院认定为有效专利，但福特却在侵权诉讼中赢得了最后的胜利。1911年1月10日，亨利·福特被判不侵犯乔治·塞登的专利权，法院的理由是乔治·塞登的汽车专利基于的是布雷顿两冲程引擎的，而亨利·福特的汽车使用的是奥托四冲程引擎。

分享专利

福特的胜利也让所有美国独立汽车制造商从中获益，他们不再需要向ALAM支付专利费用了。1911年，美国汽车行业先驱、福特汽车公司的创始人亨利·福特主导了牺牲短期商业利益的汽车行业专利分享。时至今日，空调、核电厂、燃气轮机和汽车工业的发展都得益于这些专利的分享。

▶▶▶ 故事二：特斯拉交流电动机（工业2.0）

爱迪生发明直流电后，电器得到广泛应用。同时，电费却十分高昂，所以，经营输出直流电成为当时赚钱的生意。

1885年，特斯拉脱离爱迪生公司，遇上西屋公司负责人乔治·威斯汀豪斯，并在其支持下于1888年正式将交流电发明贡献给社会。在1893年5月的哥伦比亚博览会上，特斯拉展示了交流电照明，成为"电流之战"的赢家。事后，特斯拉取得了尼亚加拉水电站电力设计的承办权。

从此，交流电取代了直流电成为供电的主流。而特斯拉拥有交流电的专利权，在当时，每销售一马力交流电就必须向特斯拉缴纳2.5美元的版税。

在强大的利益驱动下，有财团势力要挟特斯拉放弃此项专利权，并意图独占牟利。经过多番交涉后，特斯拉决定放弃交流电的专利权，条件是交流电的专利将永久公开。于是，他便撕掉了交流电的专利，损失了收取版税的权利。也因此，交流电再没有专利，成为一项免费发明。如果交流电的发明专利不送给人类免费使用，则每一马力交流电就将给特斯拉带来2.5美元的"专利费"，他将会是世界上最富有的人之一。也因此，塞尔维亚的纸币上至今仍印有尼古拉·特斯拉的头像。

▶▶▶ 故事三：IBM 与 PC 个人电脑（工业 3.0）

每当一个革命性的创新实践正在进行时，总有一些怀疑论者预言其必然要失败，并且指出新的模式必须要克服许多困难才能成功。还有一些理想主义者则坚持，只有纯粹的实现才可能成功。我们则努力工作、测试、创新，将新技术模式应用到工作中。

这种新技术模式的主要好处可以在 PC 的诞生中看到。当 IBM 在 1981 年公布了其 PC 的规范，为什么有如此多人热心地采用 PC 计算模式？原始的基于 8086 的 PC 机发货时只带有 64KB（没错，就是 KB，而不是 MB）的内存。内存还有最多 640KB 的限制，没有人能够想象单个用户在某台机器上需要用比 640KB 更多的内存，数据备份需要用盒式磁带机。

驱动 PC 革命的是它为用户提供了对其计算平台控制的便利。用户可以从 IBM 购买第一台 PC，从 Compaq 购买第二台 PC，从 HP 购买第三台 PC。他们可以从数百家供应商购买内存或硬盘，可以从许多外围设备中选择设备应用。

这种新模式，在技术、产品和供应商之间引入了不一致、不兼容和混乱。但是，现在世人知道：消费者喜欢选择，消费者对于混乱和不一致性有自己的衡量标准。

事实上，PC 硬件行业并没有分化，规范仍然保持开放。只有创新才能使产业持续健康发展。

▶▶▶ 故事四：Linux 战胜微软操作系统（工业 3.0 ~ 工业 4.0）

Linux 操作系统

Linux 的诞生充满了偶然性。李纳斯经常用他的终端仿真器（Terminal

Emulator）访问大学主机上的新闻组和邮件，为了方便读写和下载文件，他自己编写了磁盘驱动程序和文件系统，这些在后来成为 Linux 第一个内核的雏形。当时，他年仅 21 岁。

在自由软件之父理查德·斯托曼（Richard Stallman）的感召下，李纳斯很快以 Linux 的名字把这款类似 UNIX 的操作系统加入到自由软件基金（FSF）的 GNU 计划中，并通过 GPL 的通用性授权，允许用户销售、复制，并且改动程序，但前提是开源的，而且必须免费公开修改后的代码。这说明，Linux 并不是被刻意创造的，它完全是日积月累的结果，这是经验、创意和一小段、一小段代码的集合体。毫无疑问，正是李纳斯的这一举措带给了 Linux 和他自己巨大的成功和极高的声誉。短短几年间，在 Linux 身边已经聚集了成千上万的技术热爱者，大家不计得失地为 Linux 增补、修改，并随之将开源运动的自由主义精神传扬。

Git：版本控制系统

Git 是用于 Linux 内核开发的版本控制工具。与常用的版本控制工具 CVS，Subversion 等不同，它采用了分布式版本库的方式，不需要服务器端软件支持，使源代码的发布和交流极其方便。Git 的速度很快，这对于诸如 Linux Kernel 这样的大项目来说自然很重要。Git 最为出色的是它的合并跟踪（merge tracing）能力。

实际上，内核开发团队决定开发和使用 Git 来作为内核开发的版本控制系统的时候，世界开源社群的反对声音不少，最大的理由是 Git 太难懂，从 Git 的内部工作机制来说，的确是这样的。但是，随着开发的深入，Git 的正常使用都是由一些友好的脚本命令来执行的，这使 Git 变得非常好用。现在，越来越多的著名项目都采用 Git 来管理开发项目版本。

作为开源项目，Git 没有对版本库的浏览和修改做任何的权限限制。

在 Git 基础上，产生的 GitHub 系统后来被微软公司以 75 亿美金收购，是目前最大的代码托管平台。

LXC

LXC 为 Linux Container 的简写，可以提供轻量级的虚拟化，以便隔离进程和资源，而且不需要提供指令解释机制及全虚拟化。相当于 C++ 中的 NameSpace，容器有效地将单个操作系统管理的资源划分到孤立的组中，以便更好地在孤立的组之间平衡有冲突的资源使用需求。与传统虚拟化技术相比，它的优势在于以下方面：

（1）与宿主机使用同一个内核，性能损耗小；

（2）不需要指令级模拟；

（3）不需要即时（Just-in-time）编译；

（4）容器可以在以 CPU 为核心的本地运行指令，不需要专门的解释机制；

（5）避免了准虚拟化和系统调用替换中的复杂性；

（6）轻量级隔离，在隔离的同时还提供共享机制，以实现容器与宿主机的资源共享。

总结：Linux Container 是一种轻量级的虚拟化手段。Linux Container 提供了在单一可控主机节点上支持多个相互隔离的服务器容器同时执行的机制。Linux Container 有点像 chroot，提供了一个拥有自己进程和网络空间的虚拟环境，但又有别于虚拟机，因为 LXC 是一种操作系统层次上的资源虚拟化。

LXC 的价值在于为后来的 Docker 奠定了坚实的基础，成为云计算领域的重要技术支撑。

▶▶▶ 故事五：埃隆·马斯克与特斯拉智能汽车（工业 4.0）

特斯拉（Tesla）是一家强大的公司，它一直在使用大量开源软件来构建其操作系统和功能，如 Linux Kernel，Buildroot，BusyBox，QT 等。基于 Linux 和 BusyBox 等开放平台上的汽车平台，已发布和构建 Autopilot 系统映像材料、

Autopilot 主板的内核，以及 Model S 和 Model X 中使用的基于 NVIDIA Tegra 的信息娱乐系统的源代码。2014 年 6 月 12 日，马斯克在 Tesla 网站上的一篇公开博客中宣布将免费公开特斯拉所有专利，并称："将不会对那些善意使用我们技术的人提起专利诉讼"。

第5章

为什么只有开源，工业互联网才能成功

细心的读者可能已经看出之前的案例大部分是关于 2C 的。那么开源是否适合 2B 的企业呢？不要着急，我也对 2B 企业的开源案例进行了梳理，并做了分析和提炼。这也是本书特色所在，因为工业互联网核心就是面向 2B 企业的。

从美国工业互联网产业联盟提出工业互联网这个概念之后，通用公司首先采用开源的方式进行平台开发。这是由其内在的特征所决定的。

工业互联网的架构体系本身要求其必须要进行开源。首先，其框架是建立在服务互联网的基础之上的，由于云体系本身就是一个开源体系，故其生存环境决定了这一特征。

其次，是工业互联网的复杂性。不可能通过共同约定建立标准，由于工业企业及产品的生命周期长，这些特征都要求必须用开源的方式进行系统级对接，而不是用 API 的方式进行。这样将加大对接的成本，降低系统的效率。

第三，任何国家需要自主可控，不希望被供应商牵制，其最好的方式就是开源。

我们认真地观察了国际上领先的工业企业都选择了哪些开源的战略。让我们一起看一下下面几个案例。

▶▶▶ 故事一：博世软件创新与开源物联网套件

在很多人眼中，博世公司是一家传统汽车零部件供应商。如果你再深入了解博世集团，特别是博世软件创新这个公司的时候，你就会发现，他们已在工业互联网（物联网）领域取得了长足的发展。在这个过程中，开源占据了举足轻重的地位。下面让我们来分析开源在博世公司经历了什么？它们是如何基于开源打造物联网套件核心的。

公司简介

早在 2008 年，博世就做了大量关于物联网方面的研究，通过抽调内部 IT 部门，专门组建软件创新业务部门。为了增强技术实力，2011 年，博世还先后收购了 Innovations Software Technology 和 inubit AG。从 2008 年到 2017 年的近十年时间里，博世软件创新设计、开发和实施了 250 多个国际大型物联网项目，涵盖了交通、智慧城市、能源、制造业、农业、健康、监控及智能家居等领域。

开源的动因

为什么会采用开放式方法来开发物联网平台呢？我们来看看官方网站的一些说法。

作为物联网的早期创新者，博世意识到，物联网平台需要将数百万个物联网设备与现有运营技术（OT）和企业 IT 系统连接起来。经过战略评估，它们得出三种选择：构建专有的 IoT 平台、OEM 第三方平台或采用开源 IoT 平台。

鉴于开源软件在许多软件基础架构类别中的主导地位，最终决定采用开源软件策略。在遵循这一策略后，参与开源社区，这使博世能够更好地与物联网生态系统中的其他公司和合作伙伴协作，并使博世公司能够为客户提供更完整的物联网解决方案。

如何在工作中开源

参与 Eclipse IoT 工作组。2015 年，博世提高了其在 Eclipse 基金会中的会员级别，成为战略成员，并加入了 Eclipse IoT Working Group。Eclipse IoT 拥有 35 个以上不同项目和 40 个参与成员公司，是致力于 IoT 的领先开源社区。自加入 Eclipse IoT 社区以来，博世创建了六个不同的 IoT 开源项目，并为许多 Eclipse IoT 项目做出了贡献。

在 Eclipse IoT 中，许多开发人员在一个开放平台上创建工具和标准，许多公司可以从其物联网应用程序中受益。Eclipse Foundation 还提供实用的法律和知识产权流程。这些措施通过遵守反托拉斯法降低了业务风险，使开源技术可以成功地嵌入商业产品中。

开源工作的现状

博世物联网套件的核心建立在 Eclipse IoT 开源项目之上。该项目提供了构建商业级 IoT 平台所需的技术。借助开放的开发模型，我们的客户和合作伙伴将从更加透明和协作的开发过程中受益，取得了以下更为具体的成绩。

ditto 套件

ditto 套件构成参见图 5-1。

图 5-1 ditto 套件构成

通过这个开源项目可以做到：物联网设备及数字孪生在一起。具体包括以下三个方面。

● 设备即服务：以用于与单个设备一起使用的 API 的形式提供更高的抽象级别。

● 数字孪生的状态管理：设备的报告（最新已知），期望（目标）和当前状态（活动）之间的差异，包括对状态更改的同步和发布的支持。

● 整理您的数字孪生：通过对元数据和状态数据的搜索功能，支持查找和选择数字孪生集合。

物联网-升级-设备

Eclipse hawkBit 是一个独立于域的后端框架，用于将软件更新部署到受约束的边缘设备，以及连接到基于 IP 的网络基础结构的更强大的控制器和网关。Eclipse hawkBit 架构参见图 5-2。

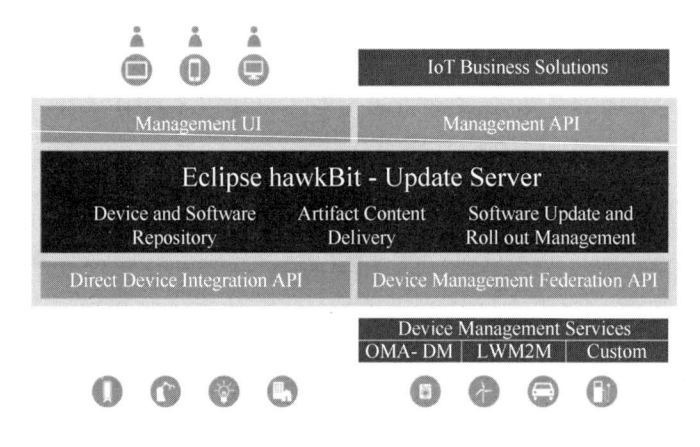

图 5-2 Eclipse hawkBit 架构

连接、命令、控制

Eclipse Hono[TM] 提供了远程服务接口，用于将大量 IoT 设备连接到后端，并以统一的方式与它们交互。Eclipse Hono[TM] 架构参见图 5-3。

VORTO

VORTO 是一种基于数字孪生语言，允许用户装饰设备的抽象功能，并允许功能描述为信息模型。物联网套件利用这些模型来规范设备的有效载荷，并作为语义 API 公开给物联网解决方案。

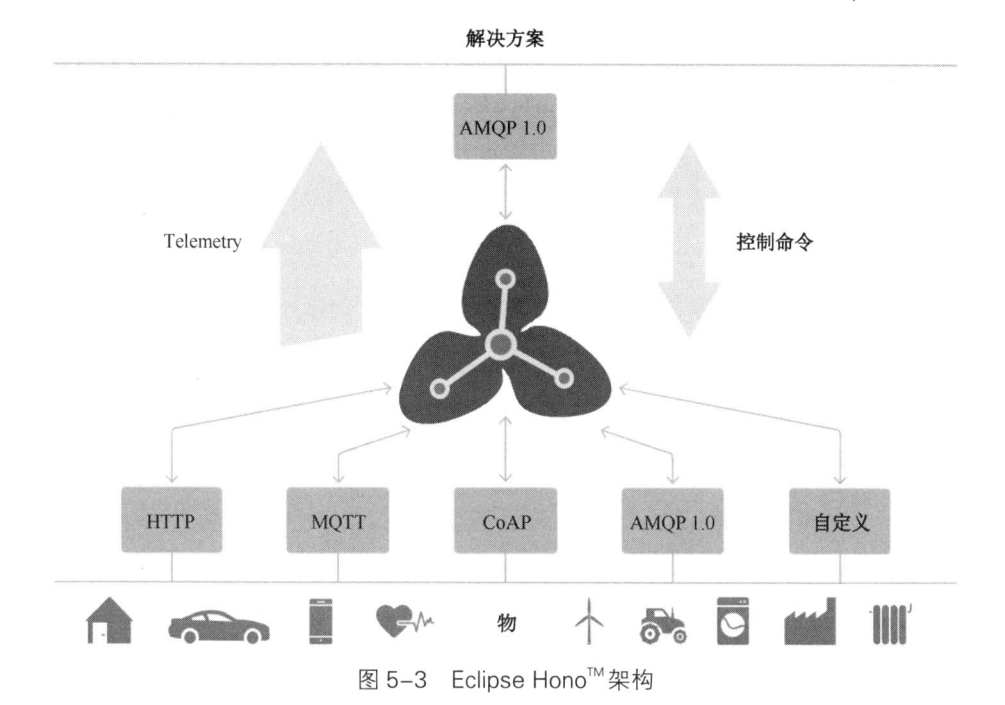

图 5-3 Eclipse Hono™ 架构

Californium（Cf）Core

Californium（Cf）**Core** 项目分为五个子项目。Californium（Cf）Core 核心为中央框架提供协议实施，以构建物联网应用程序。该存储库还包括示例项目，可以帮助用户入门。所有 Californium 都托管在 GitHub 上，因此，可以轻松地通过请求做出贡献。

E（Cf）具有 EPL 和 EDL 双重许可。后者是类似于 BSD 的许可证，这意味着 Cf CoAP 框架可与专有代码一起使用，以实现 IoT 产品！

Cf 可从 Maven Central 获得，并且很容易在 Java 项目中使用。从 OSGi 包装程序到 HTTP-CoAP 交叉代理，再到在 ETSI Plugtests 中使用的高级测试套件，都有相应的技术支持。

LESHAN

Java 中的 OMA 轻量级 M2M 服务器和客户端，提供的库可帮助人们开发自己的轻量级 M2M 服务器和客户端。自 2014 年以来的 Eclipse 项目包括模块化

Java 库、基于 CoAP 协议实施、基于 Scandium DTLS 实现、IPSO 对象支持。

是什么使开源开发具有吸引力

从博世公司的角度看，是什么使开源开发具有吸引力呢？主要有以下特征。

① 获得免费的和创新的技术。博世和其他公司都受益于易于获得的领先的开源技术。该技术得益于开放源代码许可免费。这项创新技术构成了重要支柱，使博世能够为客户提供成功的物联网解决方案。

② 投资稳定。使用开源软件，公司不再需要依赖单个供应商的产品和支持，也不再被单个厂商提供的专有平台所束缚。相反，博世受益于开源社区参与者提供的支持。这样，开源可以帮助博世，为业务打下坚实的基础和稳定的未来。

③ 更好的客户互动。由于博世物联网套件的核心是基于开源的，因此，博世的客户能够在其开发中发挥积极作用。通过参与基础开源社区项目，他们可以影响博世物联网平台的未来发展。总体而言，博世发现，开源开发的透明性有助于加强博世与客户之间的联系。

④ 更好的合作伙伴协作。在开发开源项目的过程中，博世与许多公司合作。这为开源项目团队带来了各种不同的观点和技能，进而帮助博世为客户和合作伙伴创建更好的解决方案。

站在开发人员的角度，开源又具有哪些吸引力呢？主要体现在以下方面。

① 一种更好的软件构建方式。开源的代码共享和透明性增强了开发团队之间的协作，加快了知识传播的速度，并能够在较短的时间内生产质量较高的软件。

② 社区支持和资源。许多成功的开源项目都得到了活跃社区的支持，并为其提供了资源。这使开发人员在开放源代码项目中更容易了解技术，并提高生产力。

故事二：通用电气（GE）与开源

GE 是工业互联网领域一家非常重要的公司，而其 Predix 的产品也备受国内政府、企业与专家的关注。在这里，我们注意到 2016 年的一则新闻,可以透视其技术的开源战略。

"2016 年 9 月 28 日，GE 和博世已决定合作，并合并它们的互联技术，为公司开发工业物联网（IIoT）项目建立一个开源平台。GE 和博世是制造业和工程学领域知名的两家公司，他们希望站在这场革命的前沿。两家在宣布签署谅解备忘录后透露，他们将创建基于堆栈的开源物联网软件，作为正在进行的开源软件计划 Eclipse Foundation 的一部分。为此，他们将把 GE Predix 操作系统的某些部分与 Bosch 的 IoT 套件集成在一起，以覆盖消息传递、描述和身份验证等功能。两家公司都表示，它们打算使用开源软件在此技术堆栈周围发展更大的生态系统，并可以在此技术平台上构建物联网平台。"

现在，通过对于博世软件创新的观察来看进展不错，对于 GE 的进展由于 Predix 的变故，相关信息已经不多。这也可以从另外一个角度看，传统企业跨入工业互联网是有相当大挑战的。

故事三：西门子的工业互联网与开源

下面我们通过西门子的几个官方网站的资料来分析一下西门子的开源战略及具体的行动。

西门子公司开源战略

控制中心的监控，每个应用程序都需要软件。但是今天，这通常不是从头开始编写的，而是由各种现有组件组装而成的。西门子控制中心参见图 5-4。

图 5-4 西门子控制中心

就像 Google、Apple 或 SAP 一样，西门子等公司实际上拥有成千上万的软件工程师，他们致力于使设备、系统和机器高效运行。这些程序员不仅花费时间编写西门子软件，而且还参与开源软件的开发。作为全球程序员团体的一部分，他们为功能强大的新程序及未来的标准和标准流程的开发做出了贡献。但是，迄今为止，还没有一种系统可以清晰地对这些软件组件进行分类。西门子公司的技术即将改变这一现状。

并非所有免费提供的东西永远是免费的。例如，Java 是一种用于开发和运行数字应用程序的计算机编程语言，长期以来一直是免费的。然而，出人意料的是，其开发商软件公司 Oracle 已经开始向商业用户收取许可费。由于 Java 的广泛使用和难以替换，因此，大多数公司别无选择，只能为使用它付费。

公司如何避免陷入类似陷阱？对于像西门子这样的大型公司来说，即使它雇用了 20 000 多名软件开发人员，对自己的所有软件进行编程也不现实。因为编写工业自动化、移动系统和基础设施等领域的产品所需的程序，投入很大。

西门子软件开发人员经常使用开源软件（OSS）。比较著名的例子是使用操作系统 Linux。OSS 是由世界各地的创意程序员开发的，免费，行业中立。因此，它可以使不同市场参与者实现有效协作。OSS 基于一个简单但精明的想法：贡献专业知识的人数越多，软件平台执行各种任务的能力就越强。这种模型很成功。例如，互联网高度依赖于开放源代码软件——超级计算机，自动化生产工厂及家

为什么只有开源，工业互联网才能成功 第 5 章

用电器和汽车中的微处理器也是如此。

通过迷宫

这就是大型公司（不仅是西门子，而且是软件巨头，例如 Google，SAP，Apple 和 Microsoft 等）投入大量时间和金钱来开发 OSS 的重要原因。这样一来，它们也将从中有所收益，因为它们获得了 OSS 平台和组件的访问权限。

另一方面，有些规则限制了 OSS 的使用方式。每个软件都附带一个许可证，开发人员可以在其中指定允许和不允许的内容。例如，许可证可能规定即使修改，用户也必须继续将源代码提供给所有用户，或者某些信息应发布在产品文档中。开源软件有时还包含受不同许可条款约束的其他开源组件。西门子公司技术开放源代码软件高级经理 Oliver Fendt 说："跟踪可能会很困难。""但是，如果你想为一家公司挖掘 OSS 的全部创新潜力，那么做到这一点至关重要。"

大型公司及软件巨头 Google，SAP，Apple 和 Microsoft，都在为 OSS 的开发投入大量时间和金钱。

那么，你如何才能找到相关软件，并理解其管理限制呢？Fendt 解释："一个软件组件中可以有很多许可证，规定了如何使用它。"但是，如果没有所有软件组件及其各自的许可证的标准目录，就没有简便方法可以浏览该迷宫。从目前的情况来看，如果在未经适当检查的情况下使用软件，则很有可能会侵犯版权。这也意味着很可能导致一家公司面临数百万美元的罚款。

即时概述

换句话说，需要一个程序，该程序可以快速告诉你特定软件是否有使用限制。"我们决定自行开发目录软件，"Corporate Technology 的另一位开源专家，SW360 开源软件项目负责人 Michael C. Jaeger 2014 年曾说。

SW360 列出了西门子已经使用或已经过测试以供将来使用的软件目录，无论它们是开源的，还是由商业第三方供应商提供的。这涵盖了每个程序的使用权利和相关义务，并指出了这些许可证与哪些许可证兼容。当软件开发人员希望使用某个软件组件——或发现西门子已经在使用哪种软件，以及出于某种目的只是使

用搜索对话框从数据库中调出的必要信息时，可以避免潜在的许可问题。同时，目录还显示了该软件的最新版本是否可用，以及它们是否存在已知的错误。

开源资源

SW360 不是纯粹的内部项目。西门子已经认识到普遍缺乏易于使用的许可条款目录，因此，将 SW360 开放为开源软件。SW360 名义上受 Eclipse Foundation 的管理。Eclipse Foundation 与 Linux Foundation 都是开发开源软件的重要组织之一。

换句话说，SW360 程序也可被其他公司使用。这可以节省许可费用。由于源代码是开放的，因此，可以根据自己的需要定制软件。例如，博世很快就意识到了该项目的好处，并提供了 40% 以上的源代码。这意味着博世在塑造 SW360 的功能方面发挥着核心作用。其他公司和外部软件开发人员也做出了贡献。

西门子的开放源代码库

为西门子社区提供可用性和更快开发的库，DMC 与 Siemens Industry 合作开发了一个免费的开放源代码库 Siemens Open Library。该库已被用于跨多个平台的许多不同类型的项目中。西门子开放源代码库 V4.0 Release 界面参见图 5-5。

图 5-5　西门子开放源代码库 V4.0 Release 界面

西门子开放库由 DMC 开发了数年。通过与西门子工业的联合，DMC 将其作为开放源代码库发布，供人使用。该库是开源的，允许用户贡献内容，增强功能，使其在西门子用户社区更具有整体可用性。

该库主要存储的是使用 Siemens Comfort Panel、WinCC Advanced RT 或 WinCC Professional 的 S7-1200 和 S7-1500 应用程序。用于初始开发的 Portal 版本为 V13 SP1，当前版本为 V14 SP1。该项目是由社区和 DMC 共同支持的活动，定期发布更新版。

可重用对象的开源方法

门户库已成为一种流行的技术，用于存储对象，帮助开发人员使用通用代码库快速完成任务。开源程序可以帮助工程师缩短开发周期。

DMC 在西门子开放资源库中拥有新的软件对象，以简化 HMI、PID 回路、驱动器控制设置等。其中，包含许多可用于加速工业发展的模块。这些模块可以免费使用，并可以在开源许可下进行更改。

DMC 创建了库块，这些库块完善了西门子提供的基本工具包。当 DMC 与不同领域的客户合作时，大多数模块都是为满足共同需求而开发的。

在将开放源代码块投入使用之前，DMC 与西门子紧密合作，创建了文档，并提供了额外的测试，以确保这些模块可以在多个应用中正常工作。两家公司还共同努力，为那些希望利用这些工具在类似领域工作的人简化工作。

例如，大量可重用的代码，用户不必进行大量复制和粘贴，也不必执行重复的任务。用户可以自由更改或扩充 Siemens Open Library（西门子开放库）中的项目，以满足其更专业的要求。如果他们发现这些功能块可能对特定领域有用，那么他们可以重新包装，甚至出售它们，而无须告诉其他人该模块中包含开源技术。

DMC 的约翰·苏利文（John Sullivan）在题为"通过使用西门子开放库更快地开发 PLC 和 HMI 代码"的网络研讨会中，讲述了工程师如何设置手动控制应对紧急情况。库模块使恢复设施运行变得简单，负面影响小。

西门子开放库包含一系列对象，包括功能块、用户定义的类型、弹出面板和图标面板。西门子开放库还包含一对 UDT。其中，一个与人机界面集成，可为 HMI 提供大量数据。另一个提供了这些块的错误信息。

弹出面板与 UDT 相连，可以进行手动控制。它处理一系列任务，例如警报消息的设置等。另一个面板（称为图标面板）显示了单击以提供完整弹出窗口的基本信息。

DMC 和西门子对西门子开放库中的所有模块进行了详细记录。该文档内容丰富，从块的库概述开始讲起，包括实现每个模块的最佳实践，以及设置这些组件的最佳方法。

设置信息非常细致，它包括配置该对象时会发生的所有步骤。模块概述详细、全面。它包括有关该块使用的输入和输出，以及 UDT 的信息，还包括每个块如何工作的信息。

支持数据还可以帮助用户使用 HMI 警报生成工具，解释如何使用工具中包含的 Microsoft Excel 宏生成警报和警报文本。Excel 宏用于为库对象或自定义警报生成警报，例如，当数据块包含布尔数据时。

自定义库对象的文档告诉用户如何更改，并提供示例说明如何设置模块。

有许多特定的块可用。一个适用于 G 系列的 VFD 控制器，可与任何 VFD 控制器和 G 系列驱动器一起使用。它使在自动或手动模式下控制硬件变得简单。模拟 VFD 块允许从 PLC 控制模拟 VFD。现场还提供二态电磁阀块和模拟电磁阀块。

所有西门子开放库模块都可以部署在 TIA Portal 中的西门子平台上：S7-1500、S7-1200、S7-300、S7-400、WinCC Comfort 和 WinCC Advanced。将来，WinCC、WinCC OA 和 SiMotion 将包含在列表中。添加更多平台的同时，程序数量也将增加。

希望共享的用户和集成商还将添加更多模块。该网站使人们可以轻松地共享错误修复内容，并在网站上发布他们开发的内容。目前，DMC 是站点管理员，但 DMC 公司希望最终能够由社区志愿者管理开源平台。

故事四：实时 OPC UA PubSub Publisher

2019 年 4 月，汉诺威工业博览会上，在 OPC Foundation 的展位上展示了 open62541 Realtime OPC UA PubSub Publisher。代码现在已经在 GitHub 上发布。

open62541（http://open62541.org）是使用 C99 和 C++ 98 语言的公共子集编写的 OPC UA（OPC 统一体系结构）的开源和免费实现的代码。该库适用于主流编译器，并提供必要的工具以实现专用的 OPC UA 客户端和服务器，或将基于 OPC UA 的通信集成到现有应用程序中。open62541 库是独立于平台的。所有特定于平台的功能都是通过可交换插件实现的，为主要操作系统提供了插件实现。

open62541 已获得 Mozilla 公共许可证 v2.0（MPLv2）的许可。这样就可以将 open62541 库与任何专有软件组合。在复制和分发时，仅对 open62541 库本身所做的更改需要在 MPLv2 下获得许可。插件及服务器和客户端示例均位于公共领域（CC0 许可证）。可以在任何许可下重复使用它们，而不必发布更改。

使用 open62541 v1.0 构建的示例服务器（server_ctt）需要 OPC Foundation 的"微型嵌入式设备服务器"配置文件，支持 OPC UA 客户端/服务器通信、订阅和方法调用，并且具有安全策略"Basic128Rsa15"的安全性（加密）、Basic256 和 Basic256Sha256，以及方法服务器和节点管理。PubSub（UADP）在 open62541 中实现。但是由于缺少正式的测试用例和测试工具，因此无法在此时间点（2019 年 9 月）对功能进行认证。有关认证的更多信息，参见 https://open62541.org/certified-sdk.html。

故事五：SAP——各种开源项目软件的幕后贡献者

首先让我们来看看 SAP 网站关于开源的信息，参见图 5-6。

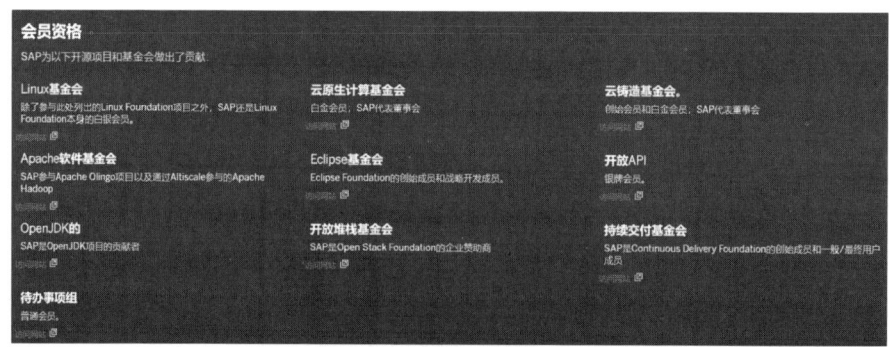

图 5-6　SAP 网站关于开源的信息示例

SAP 以其创建、销售和支持全球公司所使用的各种商务软件应用程序而闻名。但是，众所周知，SAP 一直是开源软件的常规使用者和支持者，因此，在创建和支持开源软件方面做了大量工作。

尽管 IBM 对其早期支持 Linux 感到自豪，早在 2000 年就曾在开放源代码操作系统家族中投资 10 亿美元，引起了公众的广泛关注，但 SAP 一直在对其内部使用开放源代码采取措施。

SAP 副总裁兼开发人员关系和社区全球负责人 Thomas Grassl（托马斯·格

拉斯）谈到了 SAP 及其开源问题。

SAP 的托马斯·格拉斯说："我认为这是 SAP 的一个秘密，我们在开源领域活跃了很长一段时间。""历史可以追溯到 2000 年年初，那时，我们开始采用开放源代码项目，在使用它们的同时，我们为这些项目做出了贡献和推动其发展。"

格拉斯说，SAP 在其大部分软件开发中都使用了开源 Eclipse 集成开发环境，并且深入参与了 Eclipse 社区。SAP 内部还大量使用了基于 Java 的 SDK SAP Machine，它包含在 SAP 云平台中。SAP Machine 是 OpenJDK 的 SAP 支持版本，适用于希望使用它来运行其应用程序的 SAP 合作伙伴和客户。

该公司继续参与众多开源项目，包括 Linux Foundation，Cloud Foundry Foundation，Cloud Native Computing Foundation，TODO Group，Hyperledger，ODPi 和 OpenAPI。

格拉斯说："我们一直在为 Eclipse 和 Cloud Foundry 等项目做积极贡献。""我们支持和赞助开源项目，并努力使我们正在开展的所有项目都开源。"

SAP 在 2018 年开源了其 Project Gardener 代码，从内部开始管理跨不同托管提供商的企业级 Kubernetes 集群。

SAP 还深入参与 Kyma（Kubernetes 的开源项目），该项目允许用户使用无服务器计算或微服务架构扩展和定制基于云的本地企业应用程序。

格拉斯说："这是连接应用程序的工具，这也是 SAP 感兴趣的原因。"

那么，为什么 SAP 现在会更加公开其开源根源呢？

"SAP 正在使用开源项目。由于我们的许多软件都是使用开源构建的，因此，SAP 十分专注于推动这些项目的发展。""我们专注于围绕开源项目的可扩展性、安全性和互操作性。"

格拉斯强调，这些年来，SAP 与开源社区建立了紧密联系。

"过去，我们在会议上强调开源，现在，我们更希望公众关注开源历程。"

经过多年使用开放源代码后，SAP 公司去年组建了一个内部开放源代码计划办公室，以帮助指导继续使用这些工具。

SAP希望让其渠道合作伙伴更多地参与其开源战略。

格拉斯说："我们希望合作伙伴对开源感兴趣。"

格拉斯强调，通过与众多社区项目共享SAP专业人士的专业知识，帮助SAP改善了自己的产品和技术。

"多年来，我们对开源做出了积极的贡献，同时，我们从社区得到了更多回报。"

从以上资料可以看出，SAP在这个领域中做出了很多尝试。

也可以证明，中国的企业是在学习德国的过去，而现在德国人正在工业领域迈向新台阶。而我们还是停留在二十世纪七八十年代的认识基础上。这不一定是一件坏事，因为这个将给更多企业以机会，很多人希望开源与创新，但并不知如何在工业领域中进行开源与创新。这里给出了明确、清晰的案例。如果还能找到关于Midesphere在开源领域的尝试案例的话，那将是一件更有趣的事。从这里可以看出，SAP是已经在开源轨道上了。西门子、博世公司也已经开始尝试开源，再看其他装备制造领域是如何进行的？如果也是这样的话，软件开源创新与工业开源创新都找到了相应的范例。这对于统一思想有着至关重要的意义。因为这说明无须劝大家在工业领域中采取开源战略，而是需要引导受众更多地关心在工业领域中如何导入开源战略，如何做好开源战略的事情。从战略的选择问题，转变为战略的设计与导入，以及执行的事情。

至此，我们清晰地展示出国际上优秀的工业巨头与开源有着密不可分的关系。它们正在用开源在工业系统中创新发展。

那么工业互联网怎样开源才能成功？请详阅下一章。

第6章

工业互联网怎样开源才能成功？

B2B 业务与 2C 业务的差别

图 6-1 列举了一些关注 B2B 业务的公司,这些公司正创造着发展奇迹。

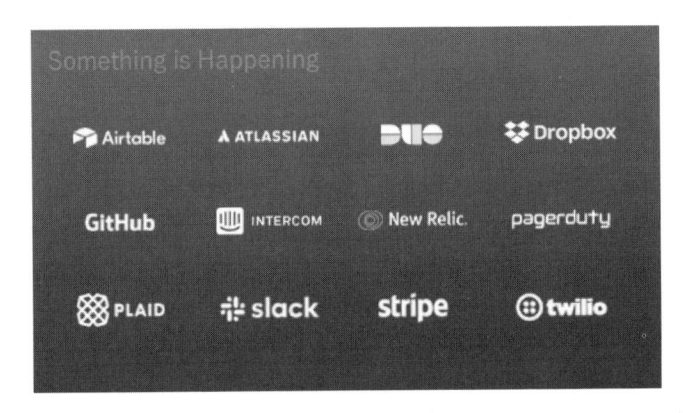

图 6-1　关注 B2B 业务公司

这些公司共同的特征是 B2B 企业。企业用户发展速度比较快,价值成长也非常快,参见图 6-2。

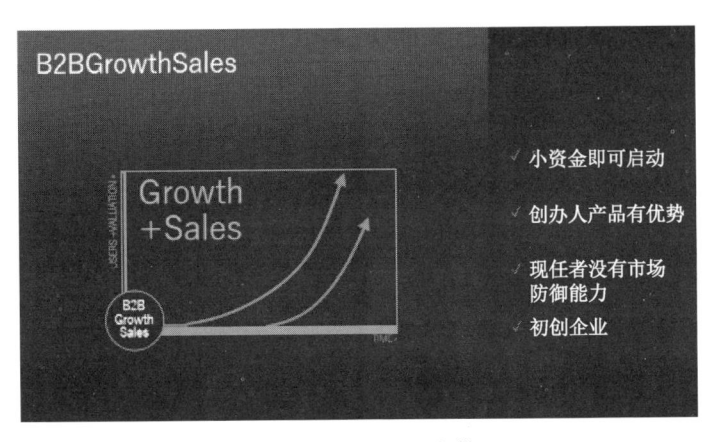

图 6-2　B2B 企业业务特征

这些企业代表着一种趋势：从横向一体化向垂直纵深方向发展，参见图6-3。

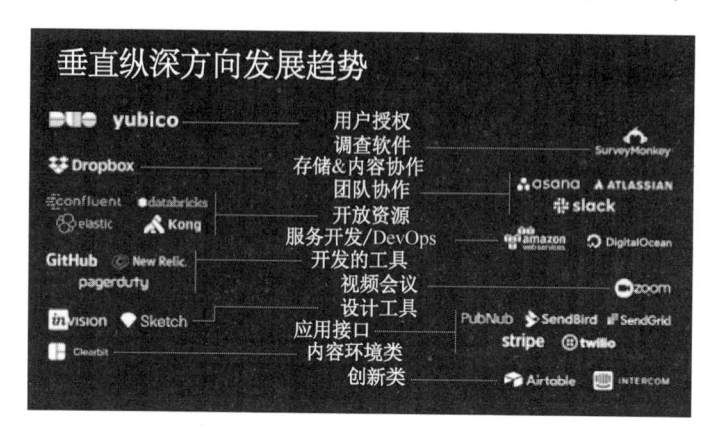

图6-3 垂直纵深方向发展趋势概览图

接下来，让我们分析一下消费类公司与企业级公司之间的差别。消费类企业通常是被产品与市场驱动的；而企业级公司更多是靠价值与销售驱动的。这是两者的区别，参见图6-4。

图6-4 消费类公司与企业级公司区别

企业级公司是秉承销售领先的理念的，具体包括产品价值理念、关系理念、销售定义的单位经济学。

消费类公司是秉承市场领先的理念，具体包括产品简单理念、品牌价值、增长定义的单位经济学。

以上是两者之间秉承理念的差异，参见图 6-5。

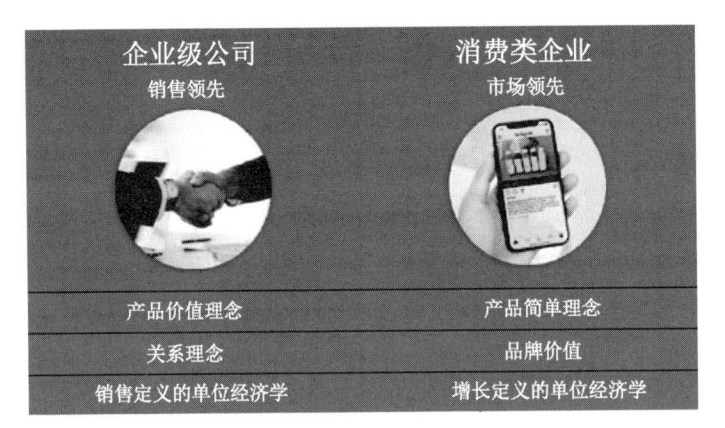

图 6-5　消费类公司与企业级公司秉承理念差异

从投资人视角来看，投资消费领域面临的是客户的易变性，更关注人是否喜欢它，此时，图形的力量比理论的力量更强大。

而投资企业市场，是买方优先，更需要关注是否可以使用。

在投资消费领域，引入投资后，更多需要关注的是产品与设计。

在企业消费市场，引入投资后，更多需要关注的是销售与技术。

B2B 企业如何实现商业上的成功

B2B 企业如何实现商业上的成功，具体包括以下五种模式。

① 专注简单用例。

② 自下而上的采用。

③ 成为一个众所周知的品牌。

④ 全覆盖销售。

⑤ 产品的复杂性与价值同步增长。

B2B 产业互联网的成功故事

是不是所有互联网企业，即使是工业互联网企业也都必须走融资模式呢？

答案是否定的，创造价值才是企业成长与发展的根本。笔者一直在找这样的企业案例，而且找到了。因为不是个案，因此，更具有代表性，也许在工业互联网时代更需要的是创造价值，并快速发展。接下来，让我们共同分享 B2B 产业互联网成功的案例故事。

故事一：Amazon 公司

公司简介

亚马逊公司（Amazon，简称亚马逊；NASDAQ：AMZN），是美国知名的网络电子商务公司，位于华盛顿州的西雅图，是网络上最早开始经营电子商务的公司之一。亚马逊成立于 1995 年，一开始只经营网络上书籍销售业务，现在则扩大了范围，开始销售许多其他产品，已成为全球商品品种最多的网上零售商和全球第二大互联网企业。在公司名下，也包括了 AlexaInternet、a9、lab126 和互联网电影数据库（Internet Movie Database，IMDB）等子公司。

开源战略

Amazon 是开源社区的一部分。十多年来，Amazon 已经为数百个项目做出了贡献，并且扩大开源协作，增加代码贡献力度，保持开放源码的整体健康。Amazon 致力于与新的和现有的开源项目合作，为其提供支持和做贡献。开源只是亚马逊试图让技术更易于被所有人使用的一种方式。AWS 官方网站开源战略界面参见图 6-6。

Open Source at AWS

Amazon is part of the open source community: we've been contributing to hundreds of projects for over a decade. We continue to widen our open source collaboration, increasing code contributions and helping to sustain the overall health of open source. We are committed to working with, supporting, and contributing to new and existing open source projects that provide value to our customers and partners. AWS has always aimed to take technology that was traditionally cost-prohibitive and difficult for many organizations to adopt, and make it accessible to a much broader audience. Open source is just one more way that we seek to make technology more accessible to everyone.

图 6-6　AWS 官方网站开源战略界面

商业模式：从商业平台到平台商业

第一次转变：成为"地球上最大的书店"（1994 年-1997 年）

1994 年夏天，从金融服务公司 D.E.Shaw 辞职出来的贝佐斯决定创立一家网上书店，贝佐斯认为图书是常见的商品，标准化程度高；而且美国图书市场规模大，十分适合创业。经过大约一年的准备，亚马逊网站于 1995 年 7 月正式上线。为了和线下图书巨头 Barnes&Noble、Borders 竞争，贝佐斯把亚马逊定位成"地球上最大的书店"（Earth's biggest bookstore）。为实现此目标，亚马逊采取了大规模扩张策略，以巨额亏损换取营业规模。经过快跑，亚马逊从网站上线到公司上市仅用了不到两年时间。1997 年 5 月，Barnes&Noble 开展线上购物时，亚马逊已经在图书网络零售上建立了巨大优势。此后，亚马逊和 Barnes&Noble 经过几次交锋，最终完全确立了自己是美国知名线上书店的地位。

第二次转变：成为最大的综合网络零售商（1997 年-2001 年）

贝佐斯认为，和实体店相比，网络零售很重要的一个优势在于能给消费者提供更为丰富的商品选择，因此扩充网站商品品类，打造综合电商以形成规模效益成为亚马逊的战略考虑。1997 年 5 月亚马逊上市，尚未完全在图书网络零售市场中树立绝对优势地位的亚马逊就开始商品品类扩张战略布局。经过前期的供应和市场宣传，1998 年 6 月，亚马逊的音乐商店正式上线。仅一个季度，亚马逊音乐商店的销售额就已经超过了 CDnow，成为最大的网上音乐产品零售商。此后，亚马逊通过品类扩张和国际扩张，到 2000 年，亚马逊的宣传口号已经改为"最大的网络零售商"（the Internet's No.1 retailer）。

第三次转变：成为"以客户为中心的企业"（2001 年至今）

从 2001 年开始，除了宣传自己是最大的网络零售商外，亚马逊同时把"以客户为中心的公司"（the world's most customer-centric company）确立为努力的目标。此后，打造以客户为中心的服务型企业成为亚马逊的发展方向。为此，亚马逊从 2001 年开始大规模推广第三方开放平台（marketplace）、2002 年推出网络服务（AWS）、2005 年推出 Prime 服务、2007 年开始向第三方卖家提供外包物流服务 Fulfillment by Amazon（FBA）、2010 年推出 KDP 的前身——自助数字出版平台 Digital Text Platform（DTP）。亚马逊逐步推出这些服务，使其经营范围超越网络零售商的范畴，成为一家综合服务提供商。

▶▶ 故事二：Zapier 公司

当你看到这样一句话的时候，你一定会被吸引：创业 5 年，连续 4 年赢利！让我们了解一下这是一家什么样的公司？

Zapier 是一家全球远程公司，它允许最终用户集成它们使用的 Web 应用程序。Zapier 的总部位于加利福尼亚州桑尼维尔，它在美国和其他 23 个国家/地区拥有 250 名员工。

Zapier 由联合创始人 Wade Foster，Bryan Helmig 和 Mike Knoop 2011 年在密苏里州的哥伦比亚成立。在最初提交 2012 年冬季融资周期的申请并遭到拒绝之后，它们仍然使用 25 个应用程序构建了初始原型，并在 2012 年夏季的融资周期中申请加入 Y Combinator 启动的种子加速器。申请被接受后，该公司于 2012 年春季迁至加利福尼亚山景城。同年 10 月，Zapier 获得了由全球风险投资公司 Bessemer Venture Partners 牵头的 130 万美元种子资金。Zapier 在 2014

年实现赢利。

那么，Zapier 成功的秘密是什么？

如何在不靠融资或者靠很少融资的情况下成功创业？Zapier 联合创始人之一 Foster 近日接受了 First Round Review 的专访时讲了以下经验。

第一点：逃离融资魔咒。

"融资只是一种能让你达到目的的工具，然而，很多创业公司创始人却疯狂地陷入为公司融更多钱中无法自拔，而不是根据公司的实际需要去融资"。每当 Zapier 联合创始人之一 Foster 站在对公司而言是一个转折点的十字路口上时，他都会向那些对于每一种选择都经历过的人寻求建议，然后在纸上认真写下每一种选择会带来的利与弊。然后再将这张纸放在一边，最后做出自己认为是正确的选择。

这里最重要的一点是，要确保"你的方式"并不是你听到的别人告诉你的方式。因此，当你在十字路口搜集有关每一种选择可能带来的利与弊的建议时，要特别留意是谁给出的这些利与弊建议的。例如，对于融资这件事，要想找到能告诉你有关融资弊端的人可能需要花一些时间，这时，要走出自己原有的熟悉关系圈，如你所在的行业和那些固定的创业导师，这样你就能收到一些不一样的建议。正因如此，Foster 会从包括他的老东家 Veteran's United 的老板等人那里搜集建议和反馈。

第二点：要做到像花自己的钱一样来花公司的钱。

要做到像花自己的钱一样来花公司的钱，这就意味着你必须能深刻理解现金流。每当做有关花钱的决策时，要做到钱就好像你自己私人的钱一样。在 Foster 的家乡哥伦比亚的那些创业公司，公司创始人就做到了像花自己的钱一样花公司的钱，因为在他们意识里，公司的钱就是他们自己的钱。

第三点：做到像为别人省钱一样去省钱。成功运用了开源的分布式办公模式。在当今这个时代，这可能更为实用与可行。

（1）固定资产：集中办公空间 VS 分布式团队

Zapier 的合伙人 Mike Knoop 2012 年已经搬到了密苏里州，他在哥伦比亚又招了一个工程师。至此，Zaipier 的团队成员共 5 个人，分布在 3 个不同的城市。他们走上了远程工作的路线，而且也变得越来越擅长远程工作。远程工作并没有给他们发布产品、推出新功能和团队协作造成阻碍和不良影响。所以，他们当时就想，既然远程工作效果这么好，今后就一直坚持远程工作的办公方式吧。

五年之后，Zapier 虽然取得了不俗的成绩，但依然没有自己的集中办公室。这并不是说，不管 Zaipier 当初有没有采用远程办公的方式都能取得今天的成绩。实际上，Foster 将 Zapier 今天取得的成功归功于公司当时采用的这个高效策略。很多创业公司创始人，他们从 Y Combinator 培训班毕业之后做的第一件事就是融资、招人和租赁一个集中办公空间。他们从来不担心是否能够支付得起办公室空间开支，或者现有的办公空间能否满足公司快速发展的需求。

那么，采用远程办公如何进行团队建设呢？

打造一支远程办公的分布式团队是需要做一些投资的，这种投资包括在时间上的投资和企业文化建设上的投资。随着 Zapier 团队规模越来越大，打造一个能够使遍布各地的员工紧密团结起来的足够强大的企业文化很重要。于是，他们发明了"伙伴"的概念，例如，员工每周都能与其他伙伴视频聊天，类似虚拟的咖啡厅约会。

有时配对进行伙伴视频聊天的两个人交流的一个想法可能会变成新的产品功能。更多时候，这种伙伴视频聊天的目的是为了彼此联络感情。远程工作并不意味着大家就不能与其他同事搞好关系、建立友谊。

（2）人事：招聘新人 VS 工作自动化

知道何时需要、何时不需要招聘新员工，这是精益创业公司要掌握的另一项关键技能。Zapier 在这方面的做法是：只要能通过自动化解决的问题，绝不会通过招聘员工的方式解决。

他们长期以来推崇这样一个价值观：不做一个机器人，要造一个机器人。这种理念在公司的客服工作中得到了非常好的运用和体现。对于创业公司而言，客服工作是公司里所有人员都会接触的一项工作。在 Zapier 就是如此，公司里的每一个人每天都会花一定的时间用于客服支持工作，后来公司里的工程师发现，可以通过开发一些工具让客服工作变得更快、更高效，所以他们后来陆续开发了很多供内部使用的工具。

随着这些工具慢慢投入使用，曾经需要花费大量精力的客服支持工作通过一次简单点击就能完成。借助于工程师开发的这些工具，现在一个人就能干完过去需两个人才能干完的客服工作。不仅如此，客服工作的质量也得到了显著提高。客服人员对于客户账号为何会出现各种问题，过去主要靠猜测，现在借助于实时数据日志，他们能实时告诉客户问题具体出在了什么地方。

公司的数据科学家和基础架构工程师开始想办法通过自动化解决这个问题。他们部署了一套算法系统，这样就可以检测一个邮件是否需要回复，准确率高达 99%。这样一来，之前那些超负荷工作的客服人员就能将更多时间用在真正需要解答的客户问题上了。

结束语

开源工业互联网宣言

从五年前开始深入研究工业 4.0，直觉告诉笔者开源是解决复杂系统的一个重要解决之道，到重点关注谷歌、亚马逊、脸谱（Facebook）、华为、BAT、德国的博世、菲尼克斯及美国的 GE，最终发现在推进第四次工业革命时，他们所采取的共性选择——开源这一创新的方法，我一直在探索和刷新认知。

　　这本书的计划是从解决工业 4.0 的复杂性与创新入手的，开始着手梳理开源（开源软件与开源硬件）的，或者说，面对工业 4.0 的复杂系统，如何借助开源做好开源系统。软件不希望受控于供应商或专利，硬件也不希望受控于供应商与专利。那么，同样复杂的 CPS 系统也不应该受控于供应商或专利。这对于中国企业参与国际间的创新体系竞争具有特别重要的意义。同时，也看到如何借助社区做技术创新、工程创新、商业创新及资本创新的可借鉴模式。无论这本书将来销量如何，笔者相信这几年的付出，已经有了很好的回报。也希望给这个时代的更多人做一些启发，从简单的低水平的重复性创新中解脱出来，提升我们的真正的创新效率与效能。

　　这也是我们推动工业 4.0 第 2 步中必须要做的事情，正如李纳斯思考的那样，任何变革，首先是生存的需要，然后是社会化，最后再演变成一种娱乐。在美国与德国，开源已经成为一种流行风尚，而我们还在考虑生存的问题……

　　随着时间的变化，中国新工业与世界的距离不是越来越接近，而是越来越远。落后的根源在于新工业的开发模式。

　　通过分析西门子、GE、博世等公司的开源战略，已能够清晰地看出德国这些巨头都已经掌握并熟练应用开源战略。由于时间的原因，这次先将他们开源的现状做一下记录。今后将继续组织力量深入研究。德国工业巨头已全力参与开源这一事实，这也进一步坚定了笔者推动中国工业 4.0 方面开源的信心与决心。

　　其实，这也是德国工业 4.0 背后的支撑战略，而这一战略并没有被公布。结合这些内容再看这些年来德国在德国汉诺威工博会上的表现与理念的表达就非常明白了，德国公司所宣传的平台战略、分布式战略等，还有它们为什么会这么快推出工业互联网平台？这里有策略与方法，知道了复杂系统的难度，同时也找到了解决此类复杂系统问题的方法。还有用事实标准建立起标准的话语权及战略制高点。我想我们的这种研究是非常有价值的。对于技术路线的调整是非常有帮助的。从这一点上讲，可以理解德国分布在全国各地的创新中心是如何进行运作的，包括机器人系统（ROS）、操作系统（SUSE）、SAP 的 HanNA 所采用的 SUSE 平台等，都指向一个非常明确的方向，用开源解决系统的复杂性。这将有可能强化在这个领域研究的投入，对于技术突破很有帮助。

这也真正兑现了这几年的战略质疑及战略论证，是存在着突破性的技术与突破性的商业模式的。他所改变的就是从企业级创新，向社会化的协同创新转变，将创新人从大企业的资源束缚中解脱出来，通过社会化的协同创新，完成以前必须要大企业或者国家的支持才可以完成的事情。这一点从云的发展、云原生基金会所做的事情已经可以看到。的确，我们可以看到斯托曼可以做到的事情，李纳斯可以做到的事情，相信未来有更多的个人也可以做到，因为他们通过开源与开放，可以站在巨人的肩膀之上。相信这是人类发展和进步的关键。

从现在可以看出，之前用事实去讲述开源的重要性，既改变了现在企业模仿的低层次现状，也解释了为什么中国的创新不是离国际水平越来越近，而是越来越远的问题。尤其在专利保护方面，可以发现中国的很多产品还停留在产品仿制阶段，而不是系统学习阶段。

通过这一事实的呈现，让我们更加迫切的明白，在思想上打通与国际上接轨的重要性，与时俱进。除了自身的实践之外，还要睁眼看世界。

那么，为什么是开源呢？

通过阅读这本书，读者可以清楚地了解到开源发挥的作用。相信在全球各国共同认可的第四次工业革命中，发展中国家更多是将现成的技术应用到现有的产业之中，更注重应用；发达国家的企业家将这些技术做成装备，可以不再依赖人的因素重复性地创造价值；而真正引领性的国家或群体则是通过社会化的协同创新，去发现和掌握真正可以支撑这轮工业革命的基本技术。

开源工业互联网宣言 | 结束语

当我们谈及 CPS 的时候，最初真正做到的是计算机技术的本身。从计算机的软件与硬件的紧密绑定，到分时操作系统，到硬件的虚拟化（计算芯片、存储、通信），到操作系统虚拟化，再到容器的诞生，软件代码的云托管平台及微服务的发展，开源软件一步步实现了在第四次工业革命理论体系中所提及的三个集成，形成一个可以快速交付的端到端的创新商业体系。这些内容在软件代码共享托管平台上都已成为现实，开发人员与用户直接沟通，端到端的打通，实现了需求与开发直接连接；而采用无人化的流水线开发、交付、部署与服务的模式，正是无人化少人工厂的真正典范。可以看出，通过应用市场 App 模式，下载即接入，从根本上解决了客户营销等问题，突破了关系营销，零成本的试用。通过松耦合的模式，实现框架式微服务模式的交付，可以充分实现迭代，进而满足大规模的个性化需求。这背后都可以提炼出相应的范式，进一步影响传统制造业的模式变迁。正如第一次工业革命时期，一方面，钢铁业成为蒸汽机的重要支撑，另一方面，由于蒸汽机所需要的钢铁加工，而带来了机床的第二次升级。第二次工业革命时需要磁铁及线圈，也带来制磁技术及拉丝技术的发展。第三次工业革命时，微纳米技术的发展形成摩尔定律。而第四次工业革命在于软件、算法的创新与革命，软件是重要因素，并且软件的产业链再一次成为创新的焦点，它的突破就是本轮工业革命的突破。而开源，包括开源的软件与硬件正处于这一位置。

革命一定是从自身的革命开始的，这种变革使得软件在无所不在的时候，可以以颠覆性的成本优势，解决过去企业需要花费再多资金也很难解决的问题。这一点大家都可以看到，亚马逊、阿里、脸谱（Facebook）及更多企业的选择也充分证明了这一点，包括华为都可以看到开源的影子……

从小型机到工作站，从工作站到 PC，到手机，再到万物互联，每一次的进步都面临着同样的挑战：颠覆自己。同时，每一次改变，都面临着重塑自己。

当这本书即将交付读者的时候，全世界正掀起了 5G 的建设高潮，相信这一次基础设施的升级将进一步加速这一变化的进程，让我们想想在全球任何一个地方的通信速度就像是在本地，我们还可以区分虚拟与现实吗？

一切都在不断地演进之中，在未来的时间内，将进一步为大家讲述开源与人工智能、5G、物联网的开源故事。

开源已经是当今社会的主流，已经渗透到我们生活中的方方面面。

消费互联网已经开源。

工业互联网也正在开源。

开源是一种可以正大光明发展的文化。

让开源在工业领域中成为一种常态，这不是一种奢求，而是生存必须。

达尔文进化论告诉我们：物竞天择，适者生存。在第四次工业革命的竞争中，相信我们会做得更好。

附件 A

开源大事记（1961-2019）

开源大事记（1961-2019） 附件 A

从 1969 年开始，软件从计算机硬件中独立出来，经历了 50 年的发展。

从 1985 年到 2019 年，理查德·斯托曼正式宣布 GNU 宣言，这是自由软件成长的 35 年。

从 1989 年到 2019 年，开源软件促进会成立，经历了 30 年的风雨历程；全球开源软件完成了从诞生到艰难起步，到第一次高潮，到推动云计算发展，再到云原生，一个又一个高潮引领世界创新的浪潮。

为了让大家对开源软件发展有更好的时代感，我们采用倒计时的方法，将 2019 年作为记事的起点。开源软件在国际上已经发展了 30 年，还在继续快速发展。在中国也发生着巨大的质的变化。

技术创新从单体架构、垂直架构、SOA（面向服务架构）到微服务架构的演进，同时，商业创新从提供服务，开放核心技术和软件即服务（SaaS）商业模式的变迁，开源还在继续演进中。

在开源的每一个时期都有其主要竞争对手，同时，由于竞争的阶段与环境不同也产生了不同的商业模式。

BSD GNU/Linux	UNIX（AT&T）	小型机时代	提供服务
GNU/Linux	Microsoft	PC 时代	提供服务，自主可控
Android	Apple	移动时代	开放核心与封闭系统
Google	AWS	云时代	SaaS（软件即服务）
Huawei	Google	物联网时代	软硬件融合

开源发展到现在，整个格局也发生了巨大的变化。巨型公司深入参与开源，开源的全球化遇到危机，开源在中国从企业的隐型战略（用开源）上升为公开战略（全力推动开源）。

开源3.2：开源迎来中国时代——全球化的机遇与挑战

2019年以来，在全球贸易新格局压力下，科技产业受到了多方面的影响，开源软件的第一次危机面临有史以来真正的全球化考验。2019年7月，全球最大开源平台GitHub被曝出封锁了俄罗斯与伊朗开发者账号。消息一出，让全球软件人与开发者意识到，原来开源也是有国界的。在全球经济背景下，积极拥抱开源，与开源平台的自主可控向前发展，两者必须兼顾，不能偏废。

值得庆幸的是，中国从开源社区与平台建设层面推进着产业发展。随着B端软件市场重要性的加剧，云原生、人工智能、开发运维一体化等新技术不断爆发，开源社区的基础技术建设与生态聚合，成为顶级科技公司的战略重心所在。

总而言之，通过产业链合力打造自主可控、技术能力卓越的开源社区，符合国家、科技公司与开发者的三方面利益。我们可以看到，中国开源事业的步伐正在明显加快。

2019年12月11日，据腾讯科技消息，全球最大的软件开发平台GitHub正寻求在中国开设一家子公司。

2019年12月7日，中关村科学城开源芯片源码创新中心成立。中心将推动芯片设计领域全球标准的创建，建设国际开源平台，提升中国芯片设计硬实力和自主可控核心能力。未来，该创新中心将聚焦RISC-V全球标准创建、知识产权保护，增强中国企业与研究机构在全球标准化体系中的话语权，搭建RISC-V开源平台和社区，降低企业、高校院所、创业者的芯片设计、应用开发成本与技术门槛等。

2019年12月6日，开源中国获得了一笔来自百度的战略投资。开源中国称，此笔融资将用于引入更多开源技术人才，加大技术研发和基础设施的升级。开源中国还将从产品、运营等层面推广开源技术，改进开源协作方式，从而通过开源模式引领技术创新。

开源大事记（1961-2019） 附件 A

2019 年 11 月 26 日，国际开源芯片技术组织 RISC-V 基金会宣布，由于担心美国的贸易限制，计划将总部从美国特拉华州迁往瑞士。

2019 年 11 月，华为物联网操作系统 LiteOS 主库迁出 GitHub，后续代码更新、维护将在码云上进行。

2019 年 11 月，GitLab 公司发布信息拒绝招聘中国、俄罗斯等国家的员工，这可能会改变开源的全球化格局，或许会加快开源社区的国家分化。

2019 年，GitHub 社区封掉了一万多个伊朗和朝鲜的账户，进一步激化了对代码开源社区无差别对待的讨论，刺激了各国开始对自身开源社区的建设。

2019 年 8 月 31 日，华为开源平台网站正式上线。

2019 年 8 月，华为开发者大会（HDC2019）在东莞华为松山湖基地顺利举行，中国开始建设自己的开源社区，华为也建立了开源代码库的国内镜像。

2019 年，谷歌公司依照美国的法律，暂停对于华为的 Android 的技术支持，包括 GMS 服务的支持，使得华为在中国以外的市场受到不小的影响，其意义包括两个方面：其一、华为的开源战略开始公开，并开始受到社会的关注；其二，开源软件的发展迎来第一次全球化的危机，全球公平性的保护受到了挑战。

华为开源大事记

2019 年 8 月 10 日，在华为开发者大会的松山湖对话环节，华为消费者 BG 软件部总裁王成录称，华为正在和主要的合作伙伴讨论中国开源基金会，最快一两个月，基金会将正式运营起来，这是完全公益的、非营利的、开放的组织。华为方面也解释，鸿蒙开源有很多架构，正在考虑交给基金会运作，华为在里面没有控制权和主导权。

2019 年 8 月 9 日，在华为开发者大会上，华为消费者业务 CEO、华为技术有限公司常务董事余承东以《全场景时代：新体验与新生态》为题发表演讲，正式宣布，发布自有操作系统鸿蒙，并宣布，鸿蒙 OS 开源。

2019 年 4 月，华为方舟编译器正式发布，这是华为公司为了提升 Android

系统的编译效率推出的一项系统及应用的编译和运行机制。在华为 P30 系列国内发布会上，华为首次发布了该技术。

2018 年 12 月 8 日，华为消费者业务软件部总裁王成录在"HUAWEI Talk 主题分享"会中透露，2019 年，华为除了手机、平板和计算机，其他终端产品将全线搭载鸿蒙系统，并在海内外同步推进；鸿蒙系统的全面开源也在 2019 年 8 月正式开放。

2018 年，华为正式发布了 KubeEdge 项目，并于 2018 年 11 月开源。2019 年 3 月，KubeEdge 正式成为 CNCF 项目。2018 年 6 月，在 KubeCon 2019 大会上，华为推出 KubeEdge 1.0，这是一个具有里程碑意义的版本，不仅实现了端边云全面协同，而且产品本身的性能、可靠性和稳定性得到了进一步提升，还能支持服务网格。

2017 年 9 月 18 日，在洛杉矶举行的开源峰会上，云原生计算基金会（Cloud Native Computing Foundation, CNCF）宣布华为成为全球首批 Kubernetes 认证服务提供商（Kubernetes Certified Service Providers, KCSP）。这意味着华为在开源云原生领域的贡献和经验得到认可，同时，华为云多款基于 Kubernetes 架构的云服务产品已面向市场推出。

2017 年，华为云将 ServiceStage 平台上的微服务沉淀的代码开源，并捐赠给了 Apache 软件基金会，成为 ServiceComb 项目。

2015 年 8 月 17 日，Linux 基金会（致力于 Linux 和协作开发发展的非营利性组织），宣布华为正式成为 Linux 基金会的白金会员。这是 Linux 基金会中最高级别的投资，这也说明华为加大了对 Linux、开源和协作开发的贡献。

2012 年，华为加入 OpenStack 组织，2013 年升级为 OpenStack 黄金会员，在 2016 年首次获得黄金董事席位，是第一家获得黄金董事席位的中国厂商。

阿里开源大事记

2018 年，在 KubeCon + CloudNativeCon 现场，阿里云研究员伯瑜向在场

开源大事记（1961-2019） 附件 A

的开发者宣布，CNCF 已将阿里巴巴云原生镜像分发系统 Dragonfly 接纳为其沙箱项目（Sandbox），并有机会成为国内首个从 CNCF 毕业的开源项目。阿里巴巴已经有 8 个项目进入 CNCF 云原生全景图，分别是分布式服务治理框架 Dubbo、分布式消息引擎 RocketMQ、流量控制组件 Sentinel、企业级富容器技术 PouchContainer、服务发现和管理 Nacos、分布式消息标准 OpenMessaging、云原生镜像分发系统 Dragonfly 和高可用服务 AHAS。

2018 年 2 月，阿里巴巴将 Dubbo 开源捐献给 Apache 软件基金会，希望借助社区的力量发展 Dubbo，打消大家对于 Dubbo 未来的顾虑。

2017 年 11 月，阿里自研容器技术 PouchContainer 开源。在开源不到一年的时间里，PouchContainer 1.0 GA 版本发布，达到可生产级别。2017 年 8 月，PouchContainer 被纳入开源社区开放容器计划 OCI；2017 年 9 月，被收录进高校教材《云计算导论》；2017 年 11 月，Pouch 团队携蚂蚁金服容器团队、阿里云 ACS 团队，与容器生态 Containerd 社区 Maintainer 进行技术交流，有望发展成 Containerd 社区 Maintainer 席位，代表国内企业在世界容器技术领域发声。

2017 年 9 月，阿里巴巴发起 OpenMessaging 项目，并邀请了雅虎、滴滴出行、Streamlio 共同参与，一年后，参与 OpenMessaging 开源标准社区的企业达 10 家之多，包括阿里巴巴、Datapipeline、滴滴出行、浩鲸科技、京东商城、青云（QingCloud）、Streamlio、微众银行、Yahoo、中国移动苏州研发中心（按首字母排序）。此外，还获得了 RocketMQ、RabbitMQ 和 Pulsar 3 个顶级消息开源厂商的支持。

2016 年双 11，RocketMQ 创始人冯嘉和他的团队首次将低延迟存储解决方案应用于双 11 的支撑，经受住了流量的大考。在整个大促期间，99.996% 的延迟落在了 10ms 以内，完成了保障交易稳定的既定目标。在历时 3 个月的开源重塑后，冯嘉和他的团队启动了 RocketMQ 向 Apache 软件基金会的捐赠之路，但迈出这一步并不容易。经过近一年的努力，在 2017 年 9 月 25 日，Apache 软件基金会官方宣布，阿里巴巴捐赠给 Apache 社区的开源项目

RocketMQ 从 Apache 社区正式毕业，成为 Apache 顶级项目（TLP）。这是国内首个非 Hadoop 生态体系的 Apache 社区顶级项目。

2012 年，Dubbo 开源项目启动。它是阿里巴巴开源的分布式服务治理框架，是国内影响力最大、使用最广泛的开源服务框架之一。在 2016 年、2017 年开源中国发起的最受欢迎的中国开源软件评选中，连续两年进入 Top10 名单。2017 年 9 月 7 日，GitHub 将版本更新至 2.5.4，重点升级所依赖的 JDK 及其组件，随后连续发布了 11 个版本。

百度开源大事记

2019 年 12 月 6 日，开源中国获得了一笔来自百度的战略投资。开源中国称，此笔融资将用于引入更多开源技术人才，加大技术研发和升级基础设施。开源中国还将从产品、运营等层面增进开源技术的推广和开源协作方式的改进，从而通过开源模式引领技术创新。

2019 年 10 月 16 日，在世界科技与发展论坛上，百度发布了飞桨产业级深度学习开源开放平台。

2019 年，在美国 CES 上，百度智能云正式发布了中国首个边缘计算开源版本 OpenEdge。边缘计算将多种计算能力，特别是 AI 处理力，扩展至用户现场，减少数据源和云端的距离，加速了智能生活时代的到来。

2018 年 9 月 14 日，百度副总裁、智能驾驶事业群组总经理李震宇在"百度 Apollo 媒体沟通会"上宣布：2018 年年底将正式开源 Apollo 车路协同方案，向业界开放百度 Apollo 在车路协同领域的技术和服务，让自动驾驶进入"聪明的车"与"智能的路"相互协同的新阶段。

2018 年 3 月，全球著名开源社区 Apache 基金会宣布"百度开源的 ECharts 项目全票通过进入 Apache 孵化器"。这是百度第一个进入国际顶级开源社区的项目，也标志着百度开源正式进入开源发展的快车道。

2017 年 9 月 25 日，百度在 GitHub 开源了移动端深度学习框架 Mobile Deep

Learning（MDL）的全部代码及脚本，希望这个项目在社区的带动下能够更好地发展。

  2017 年 7 月 5 日，百度开发者大会正式发布 Apollo 开放平台 1.0 版，并同步在 GitHub 上进行源码开放。按照 Apollo 的开放路线图，目前已经在 GitHub 上发布了 Apollo 2.0 版，即可以实现在简单的城市道路上进行自动驾驶，实现定速巡航、自动躲避障碍物、根据交通指示灯做出判断、变换车道等重要功能。

  2017 年 4 月 19 日，百度借上海车展发布"阿波罗计划"，开源了其自动驾驶技术。"百度将为汽车行业及自动驾驶领域的合作伙伴提供一个开放、完整、安全的软件平台，提供包括"车辆平台、硬件平台、软件平台、云端数据服务"等在内的完整软硬件和服务体系，开放环境感知、路径规划、车辆控制、车载操作系统等功能的代码或能力，并且提供完整的开发测试工具，同时，还将在车辆和传感器等领域选择协同度和兼容性好的合作伙伴，共同组成协作联盟，以此降低行业准入门槛，助力传统车企快速搭建一套属于自己的完整的自动驾驶系统。"

  2016 年 8 月，百度 Paddle 正式开源，成为中国首个、也是当前国内唯一开源开放的、完整、全套的深度学习框架，并在百度信息流推荐等场景中得到广泛应用与验证。

  2006 年，百度与国家信息产业部软件与集成电路促进中心（CSIP）宣布正式达成合作。双方将在开源软件领域展开多方面的合作，共同促进我国开源软件产业的发展。这可能是百度第一次高调宣布步入开源行列。双方合作后，联合开发了基于 Firefox 的百度超级搜霸工具条。

腾讯开源大事记

  2011 年，开始推内部开源，那个时候，开源的特点是自下而上的，腾讯鼓励工程师去做内部开源，甚至去外部开源，但是没有强制要求大家。目前开源协同的整体推进会以自上而下的方式，抓一些重要或投入资源比较大的项目在内部去做这种开源协同。内部开源的主基调是以自上而下的方式去推动各个部门去做底层技术的技术协同，从而产生更大的价值。

腾讯已经成为 Apache 基金会、Linux 基金会及 OpenStack 基金会国际三大基金会的顶级白金赞助商，而这种顶级支持，在国内尚属首家。

基本上腾讯项目在商业化方面走了三条路线：第一条，通过和基金会合作，在 2B 市场推出解决方案；第二条，自己开源项目组建生态，自己带项目；第三条，对云业务或者其他业务产生间接帮助和影响。

开源 3.1：开源的恐龙时代——大企业全面参与开源

在未来，已经没有开源与商用软件之分，开源已成为软件企业商用软件不可或缺的一部分。让我们了解一下顶级的企业与开源的渊源。

AWS 开源大事记

亚马逊多年来一直支持开源社区：十多年来，一直为数百个项目做贡献。致力于与新的和现有的开源项目合作，为其提供支持，并做贡献，这些项目可以为客户和合作伙伴提供价值。

2019 年 3 月 11 日，亚马逊云计算服务商 AWS 的副总裁发表了一篇博客文章，宣布 AWS 发布了自己的 ElasticSearch，一款功能强大的开源软件搜索引擎工具。

2018 年 11 月，AWS ParallelCluster（AWS 支持的开源工具）允许用户在云中管理和部署 HPC。

Google 开源史

2007 年，开放手机联盟成立，谷歌、摩托罗拉和 HTC 等芯片制造商合作开发用于移动设备的开放标准，促进 Android 的发展，这个系统是建立在 Linux 操作系统内核基础上的。

谷歌开源网站：https://opensource.google/。

Facebook 大事记

通过开源采购从硬件到软件的所有内容，Facebook 展示了在 21 世纪进行有效创新的方法。

开源在 Facebook 创建社区并使世界更紧密联系的使命中起着重要作用。这种意识形态上的匹配是 Facebook 参与开源的一个激励因素。此外，Facebook 面临独特的基础架构和开发挑战，而开源为该公司提供了一个共享，可以帮助他人，提供解决方案的平台。开源还提供了一种加速创新和创建更好的软件的方法，以帮助工程团队生产更好的软件，并且更加透明地工作。Facebook 在 GitHub 上的 443 个项目，包括 122 000 个分支、292 000 个提交和 732 000 个关注者。

Airbnb 开源大事记

2011 年 7 月，Airbnb（爱彼迎）募得 1 亿 1 980 万的创业投资资金，来源包括 Y Combinator、格雷洛克合伙公司、红杉资本、安德森霍洛维茨基金、DST 系统等。

2009 年，网站名称从原来的 Airbedandbreakfast.com 简化为 Airbnb.com；2008 年 2 月，哈佛毕业的技术架构师 Nathan Blecharczyk 加入，成为 AirBed & Breakfast 的第三个联合创始人。

2007 年，公司创始人搬到旧金山居住。

微软件开源大事记

2018 年 12 月，微软通过其博客官方宣布：未来将采用 Chromium 内核开发桌面版 Edge 浏览器，以便为用户带来更好的 Web 兼容性，并为所有 Web 开发者减少 Web 碎片化。

在 2018 年开发者大会上，微软为.NET 开发者带来了重磅信息。在大会上，微软宣布开源三种主要的 Windows UX 技术，分别是 Windows Presentation Foundation (WPF)，Windows Forms 和 Windows UI XAML 库（WinUI）。

2018 年 10 月 11 日，微软宣布正式加入 Open Invention Network（OIN）社区。

2018 年 9 月，微软宣布在 GitHub 上重新开源 MS-DOS 1.25、2.0。与原来的可下载压缩文件相比，更容易查找、阅读和引用。MS-DOS 1.25、2.0 的所有源代码都是用 8086 汇编代码编写的，其中，86-DOS 的代码最初完成于 1980 年 12 月 29 日。

2018 年 6 月 4 日，微软宣布以 75 亿美元的股票收购代码托管平台 GitHub。

2018 年 3 月 14 日，微软宣布正式开源 Service Fabric，采用 MIT 开源许可证。

2018 年 2 月，微软 ASP.NET 团队正式开源 Blazor，这是一个 Web UI 框架，可通过 WebAssembly 在任意浏览器中运行.NET。

2018 年 1 月 30 日，CodePlex.com 网站正式退役，打开该网址会跳转到一个封存归档页面。该存档包含在 2017 年下半年进入只读模式前托管到 CodePlex 上的所有项目。

在 2018 年的 Go 开发者大会 GopherCon 上，微软宣布要为 Athens 项目贡献代码，以及与 GopherSource 进行合作。

2017 年，微软加入了 OSI 组织（Open Source Initiative，开源计划），继续积极发展 Windows 的 Linux 子系统（WSL），并在 Linux 平台上为.NET 开发提供更多的便利性。

2016 年，微软收购了跨平台移动开发公司 Xamarin，推出了 Linux 版的 SQL Server，并表示会继续开源。

2015 年，微软宣布支持开源视频编解码器 VP9，对自家的更多项目进行开源，并开始接受 LLVM/Clang。

2014 年，纳德拉在微软云策略发布会上表白："微软爱 Linux！"这标志着微软正在大力拥抱开源，培植多元化的生态系统，从微软云 Azure 到 Windows，从开发工具到数据库平台，微软始终"把 Linux 放在重中之重"。

开源大事记（1961–2019）　　附件 A

2001 年 6 月 1 日，史蒂夫·鲍尔默（Steve Ballmer）称 Linux 为癌症。

1976 年 2 月 3 日，比尔·盖茨给计算机爱好者们写了一封公开信，抱怨未经授权使用 Altair BASIC 的情况太普遍，导致新成立的微软公司回报甚微。这封信相当有名，被看作软件通过商业授权获取收入的真正开端。

▶▶▶ 开源 3.0：开源物联网时代：走向复兴

物联网的开源有名的当属于特斯拉电动车。

2019 年 6 月 1 日，百度旗下人工智能助手"小度智能音箱大金刚"登陆小度商城。

2018 年 8 月 12 日，特斯拉 CEO 埃隆·马斯克表示，有意发布特斯拉车载安全软件的源代码，使其他车企也能够将该类代码用于各自的旗下车型中。

2018 年 6 月 2 日，特斯拉终于决定发布 Model S 和 Model X 使用的一些 Linux 开源代码。

2017 年 7 月 26 日，小米公司发布的一款小米智能音箱，是由小米电视、小米大脑、小米探索实验室联合开发的。

2016 年 11 月，第一款设备 Google Home 在美国发布。

2015 年在华为网络大会上，LiteOS 正式宣布开源，这是一款物联网操作系统。

2014 年 6 月 12 日，特斯拉汽车公司将其技术开源。电动汽车制造商特斯拉汽车公司（Tesla Motors）正在移交其技术密钥，以鼓励其他汽车制造商扩展至不使用汽油的汽车。特斯拉首席执行官埃隆·马斯克（Elon Musk）承诺向所有人分享公司的全部专利。

2014 年 6 月 11 日，特斯拉公司删除了帕洛阿尔托总部大厅里的特斯拉专利墙内容榜，以推动电动汽车技术的发展。

2013 年 4 月 23 日，发布 Beagle black。

2012 年 3 月，英国剑桥大学埃本·阿普顿（Eben Epton）正式发售世界上最小的台式机，又称卡片式电脑，外形只有信用卡大小，却具有电脑的基本功能，这就是 Raspberry Pi 电脑板，中文译名"树莓派"。

2011 年 10 月，发布 BeagleBone。

2011 年夏季，Google 开发出 blockly。

2009 年，MakerBot 推出开源廉价桌面级打印机，开源硬件。

2006 年，MIT 开发基于 Arduino 的开源图形化编程平台 scratch。

2005 年，发明了 Arduino。

▶▶▶ 开源 2.2：开源云原生时代

全自动智能云工厂、工具集的诞生。开源软件云时代，微服务、容器时代集成的工具链状态形成横向集成、纵向集成、端到端的集成。其代表是 Kubernetes，简称 K8s，是一个开源用于管理云平台中多个主机上的容器化的应用，其目标是让部署容器化的应用简单，并且高效，提供了应用部署、规划、更新、维护机制。

开源软件的物联网时代（包括工业互联网时代），为每一个物的运行与计算等商业模式做出了相应的探索，FaaS 服务才收费，也为数字孪生等商业化运营奠定了计价基础。

这个时代的 PaaS 代表技术有 CloudFoundry 和 Mesos。IBM 曾经重金投入 CloudFoundry，打造了 Bluemix。EMC 也收购了 CloudFoundry 的创始公司 Pivotal。

2019 年年初，EQT Partner 以 25 亿美元收购了 Micro Focus 及 SUSE Linux。

2018 年，云原生基金会正在孵化的项目已达 14 个，入驻的厂家或产品已超过 300 家，并吸引了 2.2 万名开发者参与项目代码贡献，其明星产品 Kubenetes 的 GitHub 上 Authors 和 Issues 量已排行开源领域的第二名。

2018 年 7 月 1 日，Istio 宣布推出 1.0 正式版本，并表示已可用于生产环境。

这距离最初的 0.1 版本发布已过去一年多的时间了。

2018 年，Google 推出 Serverless 的利器：#Knative，可在任何公有云、私有云上实现无服务器架构，这样用户使用无服务器编程可以不限于特定的云平台，如亚马逊 AWS。

2018 年，中国及全球大公司加速融入开源生态。

2018 年 11 月 13–15 日，全球顶级的 Kubernetes 官方技术论坛 KubeCon+CloudNativeCon 首次登陆中国。

2018 年，IBM 以 340 亿美元完成了对于 Red Hat 公司的正式收购，IBM 正式进军混合云市场。

2018 年，微软收购了开源软件代码托管平台 GitHub。其意义在于软件领域的竞争格局的变化：从开源软件与闭源软件的竞争变为开源小公司与大公司之间的竞争。

2018 年，Salesforce 宣布将以大约 65 亿美元的总价收购软件开发商 MuleSoft，借助收购为数据争夺加码，Salesforce 加大产品覆盖范围，推出更多针对企业客户的产品。这也透视出产品战略与平台战略所争夺的内容不同，其核心竞争力不一样。

2018 年，Kubernetes 成为第一个从云原生计算基金会（简称 CNCF）毕业的项目。

2018 年，Pivotal 公司完成了首轮公开募股。

2018 年，HashiCorp 以 19 亿美元成为独角兽公司。

2018 年，VMware 以近 6 亿美元价码收购 Heptio 等。

2018 年，Kubernetes+Docker 开始占据统治地位，成为 PaaS 技术的主流路线。

2017 年 5 月，由 Google 与 IBM 联合发布了 Istio 开源项目，成为云原生技术栈的一部分。

2017 年 3 月 28 日，Google 发布了新的开源网站 https://opensource.google.com/。

2017 年，Istio 项目是由 Google、IBM 和 Lyft 发起的开源服务网格项目。2018 年 7 月，发布了 1.0 版本。Istio 基于 Envoy 代理，并以之为数据层（data plane）。可以说，Istio 是炙手可热的服务网格，但由于仅应用于 Kubernetes，其应用价值受限制。

直到 2016 年，Gradle 从最初的插件到专注于 Java、Groovy 和 Scala 的开发和部署，在路线图上还有更多的语言和项目工作流。

2016 年，Linkerd 是由 Buoyant 团队打造的一个服务网格项目。Linkerd 是 CNCF 的官方项目，基于 Twitter 的 Finagle 项目。最初是用 Scala 语言编写的，设计理念是支持基于主机（物理主机或者虚拟节点）的部署模式。由于最初版本的内存占用广受诟病，导致了 Conduit 项目的开发，Conduit 是一个轻量级的服务网格，为 Kubernetes 定制，用 Rust 和 Go 语言编写。目前 Conduit 项目已经合并到 Linkerd 项目，并在 2018 年 7 月发布 Linkerd 2.0 版本。

2016 年，Prometheus 在继 Kuberntes 之后，加入了 Cloud Native Computing Foundation。

2016 年 11 月，微软公司于 2015 年 11 月发布的服务被称为 Azure Functions。

2015 年 7 月 21 日，Kubernetes v1.0 发布。伴随着 v1.0 版本发布，谷歌与 Linux 基金会合作组建了 Cloud Native Computing Foundation（CNCF），并将 Kubernetes 作为种子技术提供。

2015 年 10 月，Red Hat 收购了 Ansible。Ansible,Inc.（最初为 Ansible Works,Inc.）是为商业支持和赞助 Ansible 而成立的公司。

2015 年 12 月 4 日，苹果公司开源了其 Swift 编程语言开放源代码。长 600 多页的 The Swift Programming Language 可以在线免费下载。

2015 年 7 月 21 日，在加利福尼亚州旧金山，Linux Foundation 宣布成立

开源大事记（1961—2019） 附件 A

Cloud Native Computing Foundation，这个新组织旨在促进构建云原生应用程序和服务的最新技术，使开发人员能够充分利用现有的和即将开发的开源技术。云原生指以容器打包、动态调度和面向微服务的方式进行的应用程序或服务。创始组织包括 AT&T，Box，Cisco，Cloud Foundry Foundation，CoreOS，Cycle Computing，Docker，eBay，Goldman Sachs，Google，华为，IBM，Intel，Joyent，Kismmatic，Mesosphere，Red Hat，Switch SUPERNAP，Twitter，Univa，VMware 和 Weaveworks。

2015 年，Open Invention Network（OIN）社区成立，旨在保护 Linux 及其相关的开源项目。

2014 年，AWS 推出 AWS Lambda。它是一项计算服务。通过它，可以无须预配置或管理服务器即可运行代码。AWS Lambda 只在需要时执行代码，消耗相应资源。代码未运行时，则不产生费用。借助 AWS Lambda，可以为任何类型的应用程序或后端服务运行代码，无须任何管理。

2014 年，微服务的概念被提出。最早是由 Martin Fowler 和 James Lewis 共同提出的，他们定义微服务是由单一应用程序构成的小服务，拥有自己的进程与轻量化处理，服务依业务功能设计，以全自动方式部署，与其他服务一起使用 HTTP API 通信。同时，服务会使用最小规模的集中管理（例如，Docker）技术，服务可以用不同的编程语言与数据库等。

2013 年 4 月 27 日，码云上线，其标志是 Git@OSC 上线，2013 年 8 月迁移至云上。

▶▶▶ 开源 2.1：开源移动时代

谷歌 Android 通过开放式生态开源策略，成功地突破苹果的移动开源（封闭）生态系统战略防线。

2015 年，Oracle 开始推进云计算战略。

2014年，谷歌开源了Borg，并将其命名为Kubernetes，从此掀起了波澜壮阔的容器云和PaaS时代。

Mesos：Mesos是Apache下的开源分布式资源管理框架，它被称为分布式系统内核。Mesos最初是由加州大学伯克利分校的AMPLab开发的，后在Twitter得到广泛使用。

Twitter从Google的Borg系统中得到启发，开发了一个类似资源管理系统来帮助他们摆脱可怕的"失败之鲸"。后来，Twitter注意到加州大学伯克利分校的AMPLab正在开发名为Mesos项目，这个项目的负责人是Ben Hindman。Ben是加州大学伯克利分校的博士研究生。Ben Hindman加入了Twitter，负责开发和部署Mesos。现在，Mesos管理着Twitter超过30 000台服务器上的应用部署，"失败之鲸"已成往事。其他公司纷至沓来，也部署了Mesos，比如Airbnb（空中食宿网）、eBay（电子港湾）和Netflix。

2014年2月，LXC 1.0发布，这是Linux容器工具。

2013-2019年，Docker已经在企业中遍地开花，越来越多的企业将服务器应用程序从虚拟机（VM）转移到容器中。

2013年，Hykes领导dotCloud由一家PaaS公司转型为以Linux容器为核心的供应商，并于2013年以开源项目形式推出Docker。

2013年，IBM通过收购当时云计算收入排名第2的Softlayer进入云计算领域。

2010年，微软发布云服务，并且从2013年开始在Azure上支持IaaS服务。

▶▶▶ 开源2.0：开源云时代

代码管理与工具链云时代与分布式时代，开启了代码库托管时代，同时开启了软件开发的云工厂时代，但工具集还处于离散状态。

2013年，DC/OS由本杰明·辛德曼、托比亚斯·纳普和弗洛里安·莱伯特

开源大事记（1961–2019） 附件 A

（Florian Leibert）建立。数据中心操作系统（DC/OS）是在 Linux 发行版之上的物理或云计算数据中心的服务器上运行的。2014 年 6 月，该公司宣布从 Andreessen Horowitz，Data Collective 和 Fuel Capital 引入 1 050 万美元的风险投资。2014 年 12 月宣布了第二轮 3 600 万美元的融资，是从 Khosla Ventures 引入的。

2013 年 2 月，Opscode 发布了 Chef 版本 11。此发行版完全重写了 Erlang 中的核心 API 服务器。Chef 由 Adam Jacob 创建，该公司的业务模型是构建端到端服务器和部署工具。杰西罗宾斯（Jesse Robbins）在亚马逊运营后看到了其潜力。他们与 Barry Steinglass，Nathen Haneysmith 和 Joshua Timberman 成立了一家新公司，将 Chef 变成了产品。该项目最初被称为"木偶"，但该单词太长且难以输入，导致该项目重命名为"首席"。在 2019 年 4 月 2 日，该公司宣布其所有产品现在均已根据 Apache 2.0 许可开放源代码。

2012 年 12 月 24 日，GitLab 4.0 RC2 发布，这是开源的 GitHub 克隆。

2011 年 4 月 12 日，VMware 推出业界第一个开源 PaaS 云平台（Cloud Foundry）。它支持多种框架、语言、运行时环境、云平台及应用服务，使开发人员能够在几秒钟内进行应用程序的部署和扩展，无须担心基础架构的问题。Cloud Foundry 云平台可以简化现代应用程序的开发、交付和运行过程，在面对多种公有云和私有云选择、符合业界标准的高效开发框架，以及应用基础设施服务时，可以显著提高开发者在云环境中部署和运行应用程序的能力。

2011 年，AWS 发布官方 PaaS 平台 Beanstalk。

2010 年，OpenStack 项目成立。该项目由美国国家航空航天局（NASA）和 Rackspace 合作研发，获得 Apache 许可证开源。

2010 年 8 月 18 日，有网站公布了"SourceForge 某站点存在任意读取本地文件漏洞"信息。所有放在 SourceForge 空间上的程序和文件都是可以自由免费下载的。这一开源分享"精神"可嘉，可惜如果我们将一些敏感的信息文件放在 SourceForge 空间上就有可能会遭受损失。该漏洞至今仍然未被修复！

2010 年夏季，Docker Inc. 由 Solomon Hykes 和 Sebastien Pahl 在 Y Combinator 启动孵化器小组期间成立。Hykes 在法国启动了 Docker 项目，作为 DotCloud 的内部项目。DotCloud 是平台即服务。Docker 于 2013 年在 PyCon 的 Santa Clara 首次公开亮相。它于 2013 年 3 月以开源形式发布。当时，它使用 LXC 作为其默认执行环境。2014 年，随着 0.9 版的发布，Docker 用自己的组件（用 Go 编程语言编写）替换了 LXC。

2010 年，Datadog 成立。在 NewsCorp 收购 Wireless Generation 之后，两家公司着手开发一种产品，以减少他们经常在跨部门工作的开发人员和系统管理员团队之间遇到的摩擦。他们将 Datadog 构建为具有基础仪表板、警报和指标可视化的云基础架构监视服务。随着云技术被采用，Datadog 经营业绩迅速增长，并将其产品范围扩展到服务提供商，包括 Amazon Web Services（AWS）、Microsoft Azure、Google Cloud Platform、Red Hat OpenShift 和 OpenStack。

2009 年 2 月，Ryan Dahl 在博客上宣布准备基于 V8 创建一个轻量级的 Web 服务器，并提供一套库。2009 年 5 月，Ryan Dahl 在 GitHub 上发布了最初版本的 Node 包，随后几个月里，有人开始使用 Node 开发应用。

2009 年，开源云数据库诞生。经过近 2 年的开发，推出了 MongoDB 的雏形，并将它开源，正式命名为 MongoDB，同时成立开源社区，通过社区运营 MongoDB。MongoDB 并不是"芒果数据库"，mongo 取自单词 humongous 的中间部分，寓意巨大无比的数据库，能够存储海量的数据。MongoDB 被定义为面向集合、模式自由、自由扩展、使用程序语言和 API 访问的文档数据库。

2009 年，软件工程向自动化方向发展，DevOps 概念被提出。这个概念最早在欧洲被提出，它的出现是由于软件行业逐渐清晰地认识到，主流的敏捷开发带来的是持续测试的交付能力，这种开发模式并未消除开发与运维之间的隔阂。将开发团队与运维团队独立开的传统方式，已成为提高交付速度的障碍。为了填补开发和运维之间的信息鸿沟，改善团队之间的协作关系，DevOps 应运而生，旨在促进开发和运维紧密合作，实现按时交付软件产品和服务的目标。

开源大事记（1961–2019）　　附件 A

2008 年 4 月 10 日，以 SaaS（软件即服务）模式服务于开发者运作模式上线。除了 Git 代码仓库托管及基本的 Web 管理界面以外，还提供了订阅、讨论组、文本渲染、在线文件编辑器、协作图谱（报表）、代码片段分享（Gist）等功能。目前，其注册用户已经超过 350 万名，托管版本数量也是非常之多的，其中不乏知名开源项目 Ruby on Rails、jQuery、Python 等。

2008 年 12 月 18 日，SBT 由其原始作者 Mark Harrah 首次公开发布。它最初是 "Simple Build Tool" 的缩写，但现在简称为 SBT。

2008 年，第一个部署私有云和公有云的开源软件 OpenNebula 问世。

2008 年 4 月，技术巨头 Google 发布 GAE（Google App Engine），其目的是争夺独立开发者和创业公司的市场。

2008 年，Amazon 推出 EC2, S3, SimpleDB 等服务。

2008 年 2 月，GitHub 由 Chris Wanstrath, PJ Hyett, Tom Preston-Werner 和 Scott Chacon 使用 Ruby on Rails 开发。2007 年，GitHub 在旧金山成立公司。

2007 年，Dwight Merriman, Eliot Horowitz 和 Kevin Ryan 成立 10gen 软件公司，在成立之初，这家公司的目标是进军云计算行业，为企业提供云计算服务。在开发云计算产品时，他们准备开发一个类似于数据库的组件，为云计算产品提供存储服务。当时是关系型数据库一统天下的时候，他们觉得传统的关系型数据库无法满足要求，于是想做一款程序员不懂 SQL 语言也可以使用的数据存储产品。MongoDB 公司拥有这款产品的知识产权之后，就开源了 MongoDB，也因此 MongoDB 成为开源软件。

2007 年 11 月 5 日，谷歌公司正式向外界展示了名为 Android 的操作系统，并且在这天谷歌宣布建立一个全球性的联盟组织，该组织由 34 家手机制造商、软件开发商、电信运营商及芯片制造商共同组成。这一联盟将支持谷歌发布的手机操作系统和应用软件，共同开发 Android 系统的开放源代码。

2007 年，Salesforce 最早发布 force.com，其目的是支持第三方客户在

Salesforce.com 上开发和部署定制软件，它基本使用元数据驱动的方式来开发和管理应用。

2007 年 1 月 9 日，第一代 iPhone 手机正式发布，开启了人类的移动互联时代。

2007 年，基于 Git 的开源软件协作平台 GitHub 诞生了。

2006 年，亚马逊推出云服务，主要是 EC2（云主机）、S3（对象存储）、EIP（弹性 IP）、RDS（关系数据库）等 IaaS 层面的产品服务。即使后来的产品线愈加丰富，但是主流产品的基石仍然是围绕 EC2，也就是虚拟机。至今 EC2 仍然是亚马逊云计算最赚钱的产品。

2006 年，Google Code 诞生，当时互联网上很少有能够托管开源代码的地方，为了推动开源事业，Google 推出了这一服务。

2006 年，发布了许可证激增报告，并根据使用情况和内容将许可证列表重新分类为许可证分组。OSI 的报告和流程有助于人们对许可证扩散的整体问题有更广泛的了解，并减少新许可证的创建和使用。

2005 年，LXC 诞生。OpenVZ 发布，Linux 操作系统的容器化技术得以实现，同时也是 LXC 的核心。

2004 年，Selenium 最初由 Jason Huggins 开发，是 ThoughtWorks 的内部工具。后来，Paul Hammant 加入了团队，并在指导第二种操作模式（Selenium Remote Control，RC）的开发之前，Huggins 与 ThoughtWorks 的其他程序员和测试人员一起加入。该工具于 2004 年开源。

2004 年夏天，Jenkins 始创于 Sun Microsystems。其前身是 Hudson（软件）项目。2005 年 2 月首次发布 java.net。2007 年前后，Hudson 被称为相对 CruiseControl 和其他开源的构建服务器（Build Server）更好的选择。2008 年 5 月，在 JavaOne 大会上，Hudson 成为 "Duke 选择奖" 开发人员解决方案优秀奖得主。

2002 年，由 Jason van Zyl 创建的 Maven 是 Apache Turbine 的子项目。

开源大事记（1961-2019） 附件 A

2003 年，它被投票并接受为 Apache Software Foundation 的顶级项目。2004 年 7 月，Maven 的发布是第一个关键里程碑 v1.0。经过大约六个月的测试周期，Maven 2.0 在 2005 年 10 月发布。Maven 3.0 于 2010 年 10 月发布，主要向后兼容 Maven 2.0。

2000 年，CollabNet 创建 SVN 项目，意在写出一款近似 CVS 操作方式的版本控制系统。2009 年 11 月，Subversion 被 Apache Incubator 项目所接收。2010 年 1 月，正式成为 Apache 软件基金会的一个顶级项目。

▶▶▶ 开源 1.2：开源分布开发时代

分布式开发管理工具应用，提升了开源软件的开发效率，通过 FTP 服务器进行代码的共享。

2005 年，Git 工具投入使用。在经历了 3 年免费使用之后，Linux 社区不得不寻求它的替代品，以便继续托管 Linux 内核源代码。迫于无奈，Linus Torvalds 自行开发了一套开源版本控制工具，命名为 Git。Git 是一个开源的分布式版本控制系统，用于有效、高速地处理从很小到非常大的项目版本管理工作。Git 是 Linus Torvalds 为了帮助管理 Linux 内核开发而开发的一个开放源码的版本控制软件。Linus Torvalds 开始着手开发 Git，是为了作为一种过渡方案来替代 BitKeeper 的，后者之前一直是 Linux 内核开发人员在全球使用的主要源代码工具。开放源码社区中的有些人觉得 BitKeeper 有许可证制限，并不适合管理源码社区的代码。因此，Linus Torvalds 决定着手研究更为灵活的版本控制系统。最初 Git 的开发是为了辅助 Linux 内核开发的，现在很多其他自由软件项目也使用 Git 进行版本管理。

2004 年，由于开放源代码许可证的数量显著增加，OSI 发起了一场运动，以减少开放源代码许可证的数量。2004 年，OSI 在 OSD 中增加了第 10 条，处理许可问题。

2004年，Eclipse基金会创建，这是一个不以营利为目的的组织，主要任务是监督项目。从技术上替代微软的Visual Studio套件。Eclipse为开发者提供的开发环境是不依赖于任何单一的编程语言或供应商的。

从2002年2月开始，Linux之父Linus Torvalds已经决定开始用它来管理Linux内核代码主线。BitMover是BitKeeper的开发厂商，创始人和CEO是Larry McVoy。Larry McVoy期望BitKeeper能帮助Linus免于陷入不断加重的Linux内核管理工作中——事实上，自从Linus Torvalds 3年前开始使用BitKeeper之后，Linux的开发效率提升了两倍。

2002年，Firefox第一个版本推出后，成千上万的编程高手打造出来的浏览器，最初叫凤凰，这是在当时能与微软的Internet Explorer浏览器抗衡的产品。

▶▶▶ 开源1.1：资本驱动下的开源盛世

2001年5月3日，微软宣布共享资源抗击开源。

2001年1月，红帽公司季度报首次盈利。

2000年，SaaS兴起。

2000年7月19日，StarOffice 5.2包的源码通过两种授权协议，GNU通用公共许可证（LGPL）与太阳工业标准源许可证（Sun Industry Standards Source License，SISSL）公开释出。新计划叫OpenOffice.org，其网站在2000年10月13日开始运作。OpenOffice.org的前身是1998年一家德国公司StarDivision所研发出来的一个办公室软件，称之为StarOffice。在1999年8月，已经相当成熟的StarOffice 5.2被太阳（Sun Microsystems）公司买下。

1999年12月，Linux内核维护工作的绝大部分时间都消耗在提交补丁与保存归档等烦琐事务上。因此，启用版本控制工具BitKeeper管理Linux内核成了当务之急。Linux Power PC项目首先开始使用BitKeeper——这是一个非开源但是有条件免费的版本控制工具。

开源大事记（1961-2019） | 附件 A

注：BitKeeper 是由 BitMover 公司提供的，BitKeeper 自称是"分布式"可扩缩 SCM 系统。不是采用 C/S 结构，而是采用 P2P 结构来实现的，同样支持变更任务，所有变更集的操作都是原始的，与 SVN、CVS 一致。

1998 年，VMware（威睿公司）成立，并首次引入 X86 的虚拟技术。

1999 年，MarcAndreessen 创建 LoudCloud，是第一个商业化的 IaaS 平台。

1999 年，Salesforce.com 公司成立，宣布"软件终结"革命开始。

1999 年 12 月 9 日，VA Linux System IPO（首次公开募股）。

1999 年 8 月 11 日，RHAT IPO 成功，成为第一只成功上市的 Linux 股票。

1999 年 8 月 10 日，首届 Linux World 召开。

1999 年 2 月 15 日，黑客团结起来发起 Windows 退款抗议。

1999 年，O'Reilly 发布开源软件文集《开源：开源革命之声》。

1999 年，SourceForge 创新开启在线开源软件的创建和发行。

▶▶▶ 开源 1.0：开源软件定义——包容的生态

为了解决自由软件的商业化发展，部分自由软件的参与者共同商议并提出开源的概念，并建立了开源组织。开源软件概念形成，并且从自由软件中独立出来，提升了与商业专用软件的共生性，也同时提升了开源软件的商业发展能力。

1998 年，解决了开源软件的兼容性问题。Perens 发起 Linux 标准库，旨在解决 Linux 发行版之间的互操作性问题，Perens 是此项目的第一届领导。LSB 是 Linux 基金会重要的支柱性项目之一，对规范 Linux 软件体系结构发挥了巨大的作用。

1998 年 11 月，开源硬件开始起步：Cygnus 发布第一个 eCos 版本（eCos 1.1）；低成本是嵌入式系统开发中必须考虑的一个重要因素。通过使用开放源代码的形式，eCos 基本上不需要任何费用。它是一种完全免费的软件，任何公司和个人都可以直接从互联网下载其源代码和相应的开发工具，并且可以自由地进行修改和扩展，eCos 产品的发布也无须交纳任何版权费用。用户可以自由使用 eCos，但是要求公布对 eCos 的改动，这是为了提高或促进 eCos 发展的一种措施。当然，用户的应用程序不必公开。

1999 年 10 月，OSI 已发布了第一份正式的许可清单。OSI 许可证清单从此被更新很多次，但一直保持开源许可证的规范名单，这是由许多第三方，包括政府和标准机构提交的。

在 1998 年 2 月，创建了"开源定义"。OSI，开源定义最初源自 Debian 自由软件准则（DFSG）。布鲁斯·佩伦斯（Bruce Perens）撰写了 DFSG 的原始草案，并于 1997 年由 Debian 开发人员社区对其进行了编辑、完善和批准，并将其作为正式政策。DFSG 删除了 Debian 的特定引用。

1998 年 2 月，开放源代码促进会（Open Source Initiative，OSI）成立。OSI 由 Bruce Perens 及埃里克·斯蒂芬·雷蒙德等人创立，从 OSI 创立起，雷蒙德就担任主席，佩伦斯（Perens）为副总裁，最初的董事会包括 Brian Behlendorf，Ian Murdock，Russ Nelson 和 Chip Salzenberg。一直到 2005 年 2 月。之后，Russ Nelson 继任了一个月，但因为一些争论，他很快辞职。随后 Michael Tiemann 担任过渡期的主席。这个组织是一个教育、倡导和管理组织，这在协作发展史上是重要时刻。详细内容可参阅开源软件促进会官网：https://opensource.org/。

1998 年 2 月 3 日，"开源软件"概念在加利福尼亚州帕洛阿尔托举行的战略会议上被创建。该策略会议源于对 Netscape 公告的关注，并且在教育和倡导开放式开发流程上有优势。

1998 年 1 月 23 日，网景公司（Netscape）宣布了两个决定。未来的网景浏览器 Navigator 将改为免费提供；网景公司将公开下一代网景通信家（Netscape Communicator）套件的代码。Netscape 公司成为第一个从闭源走向开源的公司。

1997 年，埃里克·斯蒂芬·雷蒙德（Eric S. Raymond）发表了重要文章《大教堂和集市（The Cathedral and the Bazaar）》。

开源大事记（1961-2019） | 附件 A

1997 年，第一次 Linux 大会召开。

1998 年，雷蒙德发布了《大教堂与集市》一书，第一次较为系统地阐述了开源软件与商业模式。

▶▶▶ 开源 0.99：Linux 互联网生态体系的诞生（LAMP）

LAMP 生态开始成熟：业余爱好者和单枪匹马的开发人员进行维护的模式，此时主要用邮件列表的模式进行沟通与审核。

1997 年，《Debian 社会契约》：1997 年 6 月初，Perens 向 Debian-private 邮件列表中的 Debian 开发者提出了 Debian 社会契约草案，几个月之后，正式发布了《Debian 项目开发的策略和指导》（*Debian Free Software Guidelines*），至今仍然是开源社区的典范，也是 Debian 作为独立的没有任何商业公司支撑，却可以恒久不衰的主要支柱。

1997 年，GNOME 桌面项目启动。今天，它和 KDE 一起成为 Linux 上重要的两个桌面系统。

1996 年，MySQL 诞生。MySQL 1.0 发布，先是在小范围内使用。到了 1996 年 10 月，MySQL 3.11.1 发布了。最开始只提供了 Solaris 下的二进制版本。一个月后 Linux 版本发布。此时只有在一个表上做一些 Insert、Update、Delete 和 Select 操作，没有更多功能。在接下来的两年里，MySQL 被移植到各个平台。它发布时采用许可策略：允许免费商用，但是不能将 MySQL 与自己的产品绑定在一起发布。如果想一起发布，就必须使用特殊许可。商业支持也需要付费。

1996 年，Apache 成为 Internet 上流行的 HTTP 服务器。1999 年 5 月，它在 57% 的网页服务器上运行；到了 2005 年 7 月，这个比例上升到了 69%。2005 年 11 月，达到 70% 的市场占有率。

1996 年，第一个主流 Linux 桌面系统 KDE 项目启动。

1995 年，Linux 大会召开：Linux 召开了其首次商业会议 Linux Expo。

1995年2月，Brian Behlendorf 完成重写 NCSA 工作后，才正式将其命名为"Apache 小组"。从此，Apache 的标志：一片红色的羽毛斜斜地插在"Powered by Apache"旁，越来越多地出现在 Web 网页上。在短短几年的时间里，Apache 就攻占了 Web 服务器的半壁江山，成就了 Web 服务器的传奇。闻名世界的"Apache 小组"也就此诞生。

1995 年，Personal Home Page Tools（PHP Tools）对外发布第一个版本，Lerdorf 写了一些介绍此程序的文档，提供了访客留言本、访客计数器等简单的功能。以后，越来越多的网站使用了 PHP，并且强烈要求增加一些特性。比如循环语句和数组变量等。在新的成员加入开发行列之后，Rasmus Lerdorf 在 1995 年 6 月 8 日将 PHP/FI 公开发布，希望可以透过社群来加速程序开发与寻找错误。这个发布的版本命名为 PHP 2，已经有 PHP 的一些雏形，类似 Perl 的变量命名方式、表单处理功能，以及嵌入到 HTML 中执行的能力。程序语法上也类似 Perl，有较多的限制，不过更简单，更有弹性。PHP/FI 加入了对 MySQL 的支持，从此建立了 PHP 在动态网页开发上的地位。到了 1996 年年底，有 15 000 个网站使用 PHP/FI。

1995 年，Apache 服务器软件诞生。它是由当时最流行的 HTTP 服务器 NCSA HTTP d1.3 的代码修改而成的，因此，是"一个修补的（a patchy）"服务器。

1995 年 1 月，Red Hat 软件公司成立。

1994 年，Java 1.0a 版本已经可以提供下载。

1994 年年初，德国版 Linux 系统发布，是德国 SUSE Linux AG 公司发行维护的 Linux 发行版。SUSE，意指 SUSE Linux，属于此公司的注册商标。SUSE Linux 原是以 Slackware Linux 为基础的，并提供完整德文使用界面的产品。1992 年 Peter McDonald 成立了 Softlanding Linux System（SLS）发行版。这套发行版包含的软件非常多，首次收录了 X Window 及 TCP/IP 等套件。Slackware 就是一个基于 SLS 的发行版。SUSE 于 1992 年末创办，目的是成为 UNIX 技术公司，专门为德国人推出量身定制的 SLS/Slackware 软件及 UNIX/Linux 说明文件。1994

年，他们首次推出了 SLS/Slackware 的安装光碟，命名为 S.u.S.E. Linux 1.0。其后它综合了 Florian La Roche 的 Jurix distribution（也是一个基于 Slackware 的发行版），于 1996 年推出了一个完全自家打造的发行版 – S.u.S.E. Linux 4.2。其后 SUSE Linux 采用了不少 Red Hat Linux 的组件。

1993 年，Apache 服务器项目启动。

1993 年，Debian Linux 项目启动，这是流行的社区版 Linux，并且是 Mint、Ubuntu 及许多流行的 Linux 发行版的上游发行版。

1993 年，鲍勃·扬和马克·尤因成立红帽公司（Red Hat），专门为企业提供开源软件产品，总部位于北卡罗来纳州罗利市，它在全球各地拥有卫星办事处。

1993 年，Slackware Linux 发布。在此之前，已经有一些早期的 Linux 发行版，比如 MCC 和 Yggdrasil Linux，但是 Patrick Volkerding 的 Slackware 是较成功的，直到今天，它仍然在不断被更新和被人使用着。

1991 年，第一个 Python 编译器诞生。它是用 C 语言实现的，并能够调用 C 语言的库文件。Python 从诞生就具有了：类、函数、异常处理，包含表和词典在内的核心数据类型，以及以模块为基础的拓展系统。

▶▶▶ 开源 0.9：自由软件阶段（GNU/Linux）

这个阶段主要形成完整的软件操作系统，为开源软件商业化发展奠定坚实基础。

1992 年，SUSE 公司成立。

1992 年，Linux 与其他 GNU 软件结合，正式诞生了完全自由的操作系统。至此，GNU 计划正式完成，操作系统被命名为 GNU/Linux（简称 Linux）。

1992 年，第一次 Linux 之战：Andrew Tannenbaum 是一位操作系统专家，也是当时著名的 Minix 操作系统作者，这是一个用于教学用途的 UNIX 版本。Andrew 声称"Linux 是过时的"，从而打响了 Linux 的第一次操作系统之战。

在由此而来的论战中，Linus Torvalds 发表了一个至今看起来仍然正确的观点，"如果 GNU 内核（指 Hurd，这是另外一个尝试建立自由的类 UNIX 操作系统的项目）去年春天就已经好了的话，我绝不会启动我的项目：事实上它根本没有完成，估计永远也完成不了。Linux 能胜出的很大原因就在于它现在就能用！"

1991 年，芬兰大学生 Linus Torvalds 在 GPL 条例下发布了他自己创作的 Linux 操作系统内核，Linus Torvalds 向世界宣告 Linux 诞生。

开源 0.2：自由软件阶段（GNU 工程）

这个阶段，理查德·斯托曼以 UNIX 为蓝本，进行了整体框架的规划（这个后来被称之为大教堂模式），充分借助个人的能力编写核心的自由软件，同时组织黑客社区按照一定的步骤有序地推动 GNU 工程。在这期间，Cygnus 成功地进行了商业化的探索，并打造出自由软件的商业模式。这一模式也形成了之后 Red Hat 公司商业模式的核心。

1991 年，理查德·斯托曼及其跟随者们完成了除内核以外，其他程序的编写，包括 GUNpro 工具链，例如，Gemacs 编辑器、GCC 编译器、GDB 调试器等软件。

1990 年，第一个成功的图形操作系统 Windows 3.0 巩固了微软的统治地位，并为微软在 20 世纪 90 年代最终垄断桌面应用市场创造了条件。

1989 年，Cygnus 成立，根据 Forbes 杂志 1998 年 8 月的调查，它是第一家且是当时最大的一家自由软件商业公司。

从 1989 年到 1993 年，当时似乎 UNIX 社群所有的梦想都破灭了。

1989 年，斯托曼与一群律师起草了广为使用的 GNU 通用公共协议证书（GNU General Public License，GNU GPL），创造性地提出了 Copy left 的概念。第一个自由软件许可证 GPL 发布，这个内容从某种意义上讲更具有里程碑的作用。因为它使开源软件有了法律基础。

开源大事记（1961-2019） 附件 A

1987 年，阿姆斯特丹自由大学计算机科学系的 Andrew S. Tanenbaum 教授自行开发与 UNIX 兼容的操作系统。他取 Mini-UNIX 之意，将之命名为 Minix。Minix 1.0 的全部代码约 12 000 行，随《操作系统：设计与实现》一书一起发布。

1987 年 6 月，Stallman 推出了 GNU C 编译器（1.0 版本）。

1985 年 10 月，理查德·斯托曼建立自由软件基金会（Free Software Foundation，FSF）。这是一家致力于推广自由软件、促进计算机用户自由的美国民间非营利组织。其主要工作是执行 GNU 计划，开发更多的自由软件，完善自由软件理念。

1985 年年初，理查德·斯托曼仿写的 GNU Emacs 开始被使用，MIT 机器的匿名 FTP 服务器也被其他黑客复制。

1985 年，理查德·斯托曼发表了著名的 GNU 宣言，正式宣布要开始进行一项宏伟的计划：创造一个完全自由，兼容 UNIX 的操作系统。他提倡自由复制，源码共享。

1984 年，理查德·斯托曼离开 MIT，开始专职开发 GNU 操作系统。

1983 年 9 月 27 日，GNU 计划启动，这是由理查德·斯托曼在 1983 年 9 月 27 日公开发起的自由软件集体协作计划。

1983 年，IBM PC 可使用 6 种以上的 UNIX 通用操作系统。

▶▶▶ 开源 0.1：工作站时代——UNIX 系统的内战

由于开放的 UNIX 系统，使得工作站得以发展，并且因为其软件的低成本，带来了系统的低成本，从而使得工作站得以繁荣。然而，由于 AT&T 公司的解禁，开放软件与商业化软件产生第一次冲突。

1983 年，美国司法部在针对 AT&T 的第二起反托拉斯诉讼中获胜，并拆分了贝尔系统。这次判决将 AT&T 从 1958 年起禁止将 UNIX 产品化和解协议中解脱出来。而这将 UNIX 系统拖入商业公司的内战中。首先，UNIX 的产业化破坏了 UNIX 的源码自由交流，进而大公司为了追求差异化带来的利益而抛弃了 UNIX 的跨平台兼容性。于是，UNIX 社区分为了两派，以程序员和工程师为代表的派系站在伯克利分校一边，而以商业为目标的人则倾向于 AT&T。以程序员和工程师为代表的派系重唱着十年前的 UNIX 早期主题，标榜为企业帝国的叛逆者。比如，一家小公司贴的海报，上面画着一个标着"BSD"的 X 翼星际战机快速飞离巨大的 AT&T 星球，后者被熊熊的烈火围困。

1982 年，SUN 微系统公司出世。他们综合了斯坦福大学设计的硬件和伯克利分校开发的 UNIX，取得了辉煌的成功，开创了工作站产业。

1980 年，DARPA（国防部高级研究计划局）委托伯克利主机科学研究组实现全新的 TCP/IP 协议栈。从此，互联网文化开始与 UNIX 文化自由融合。

1981-1983 年，美国加州大学伯克利分校发表了 UNIX 的版本 BSD4.1、BSD4.2 和 BSD4.3。

1983 年，美国电话电报公司发表 UNIX System V。

1981 年，美国电话电报公司发表 AT&T UNIX System II。

1979 年，诞生了 VAX-11 超级小型机。

1978 年，UNIX Version VI 发表。

1978 年，SCO 发布了商用版的 UNIX。

▶▶▶ 开源 0.0：软件独立，操作系统成型——UNIX

这个阶段，由于偶然的因素，C 语言出现，UNIX 诞生了。软件开始从计算机硬件中独立出来，通用操作系统开始处于独立发展阶段。在这段时间内，也产生了开源软件与专用商业软件。由于大型机、小型机与个人计算机还没有真正相遇，所以，闭源软件与开放软件并没有发生冲突。

1977 年，伯克利发布了第一版 BSD（Berkeley Software Distribution）。

开源大事记（1961-2019） 附件 A

1976 年，比尔·盖茨写给电脑爱好者一封公开信，软件从此有了专用的商业软件与自由软件之分。

1976 年，汤普逊利用年休在加州伯克利分校教学，这促使伯克利成为 UNIX 的开发重镇。

1974 年，第一篇公开展示 UNIX 的论文在《美国计算机通信》上发表。

1973 年，里奇与汤普逊重写了 UNIX 系统。

1971 年，Dennis Ritchie 为了更好地将 UNIX 移植到其他机型上，开发出 C 语言。

1970 年，UNIX 投入运行，其重要意义是软件从专用的定制软件向通用的可移植软件发展。

1969 年，由 Ken Thompson, Dennis Ritchie 在 AT&T 的贝尔实验室开发出 UNIX 操作系统。

1964 年，贝尔实验室、麻省理工学院和通用公司承担了研制 Multics 项目的任务，研发了一套为这些大型计算机所使用的分时操作系统，最后不堪重负而宣布崩溃。

1962 年，DARPA 出资 300 万美元启动 MAC 项目，完善 TCSS。

1961 年，第一个分时操作系统 TCSS 研制成功。

附件 B

全球主要开源公司情况简介

全球主要开源公司情况简介 附件 B

下面这些公司在开发和维护企业界的开源软件方面发挥了重要作用。开源软件已经不再是由业余爱好者和单枪匹马的开发人员的杰作；独立开发人员是开源社区的重要组成部分。如今开源项目的大部分工作由企业开发人员完成。Linux 创始人 Linus Torvalds 在出席最近的开源峰会时承认了企业的这种影响力，并认为："让公司参与开源至关重要。这是一件高兴的事。"

下面着重介绍一些领先的营利性公司，它们使用和赞助开源项目，并贡献代码。包括大企业、小型初创公司及其他组织。有专门提供基于开源软件的产品公司，也有销售专有解决方案和开源解决方案的公司。他们都在开源社区发挥了重要作用。请注意，下面不是排行榜，是按公司首字母顺序来介绍的。

1. Adobe

总部：加州圣何塞。

员工数量：超过 15 000 人。

上榜理由：Adobe 在开源方面有坚定的承诺，在其 GitHub 站点上有 250 个公共代码库。最知名的开源项目包括开发者工具，比如 PhoneGap Web 开发框架、Brackets 文本编辑器和 Topcoat CSS 库。Adobe 的工作人员还经常为其他开源项目贡献代码，比如 Gecko、Blink、WebKit、Apache Cordova、Flex 及 Felix 等。

网址：https://www.adobe.io/open/open-source.html。

2. Automattic

总部：加州旧金山。

员工数量：564 人。

上榜理由：你之前可能未听说 Automattic 的大名，但是肯定听说过其知名作品：WordPress。据官方网站声称，WordPress 目前"支持着互联网上 28%的网站。"虽然 WordPress 开源项目现在由基金会来打理，但 Automattic 继续贡献着代码，还运营 WordPress.com。它还参与其他许多开源项目，比如 WooCommerce 和 BuddyPress。

网址：https://automattic.com/。

3. Black Duck Software

总部：马萨诸塞州伯灵顿。

员工数量：超过 320 人。

上榜理由：不像其他大多数公司，Black Duck Software 是以自身对开源项目的贡献而家喻户晓的，因为它让其他组织更容易使用开源软件。它提供三大项目：Hub，用于识别和管理环境中使用的开源软件；Protex，用于确保符合开源许可证和公司政策；Security Checker，用于识别开源软件中的安全漏洞。它有 2 000 多个客户，包括英特尔、任天堂、SAP 和三星等。

网址：https://www.blackducksoftware.com/。

4. Canonical

总部：英国伦敦。

员工数量：超过 550 人。

上榜理由：这家公司开发的 Ubuntu 是全球流行的 Linux 发行版之一。实际上，该公司声称 Ubuntu 是"全球公有云和 OpenStack 云上流行的操作系统。"Canonical 的使命是"让开源软件可供各个地方的人使用。我们认为，促进创新的最佳之道就是为创新者提供他们所需的技术。"

网址：https://www.canonical.com/。

5. Chef

总部：华盛顿州西雅图。

员工数量：不到 500 人。

上榜理由：Chef 既是开源系统集成框架的名称，又是拥有该框架的公司的名称。由于 DevOps 得到更广泛的采用，Chef 已成为最流行的配置管理自动化工具之一。实际上，在 IT 外媒 TechCrunch 针对流行的开源项目的排名中，Chef 名列第 23 位。该公司的工作人员还为其他开源项目贡献代码，它在其公共 GitHub 站点上约有 70 个代码库。

网址：https://www.chef.io/chef/。

6. CloudBees

总部：加州圣何塞。

员工数量：不到 500 人。

上榜理由：CloudBees 是备受 DevOps 团队青睐的另一个对象。该公司开发的 Jenkins 在 TechCrunch 评出的流行开源项目榜单上名列第 14 位。Jenkins 是一种开源自动化服务器系统，这意味着它使诸如文档编制、测试及部署之类的流程实现自动化，从而有助于加快软件开发。该公司声称，Jenkins 是"全球最流行的开源自动化服务器，在全球各地安装的活跃系统数十万套"，Jenkins 的核心代码中 80% 是由 Jenkins 的工作人员编写的。

网址：https://www.cloudbees.com/。

7. Cloudera

总部：加州帕洛阿尔托。

员工数量：约 1 600 人。

上榜理由：由于 Cloudera 提供流行的支持版 Hadoop 之一，随着大数据潮流方兴未艾，它已变得日益重要。首席架构师道格·卡廷（Doug Cutting）创建了 Hadoop。Cloudera 公司称，它为 Hadoop 生态系统贡献的代码比其他任何公司都要多。其员工创建了 20 多个与 Hadoop 有关的项目，在 Apache 基金会的多个项目非常活跃。

网址：https://www.cloudera.com/。

8. Confluent

总部：加州帕洛阿尔托。

员工数量：不到 200 人。

上榜理由：作为大数据领域的大玩家，Confluent 是 Apache Kafka 背后的公司，而 Kafka 在流行的开源项目排行榜上名列第 20 位。该公司称 Kafka 是一种"每天能够处理数万亿个事件的分布式数据流平台"。它最初是由 LinkedIn 开发的，在 2011 年采用开源许可证发布。该项目背后的团队创办了 Confluent 公司，如今它提供其软件的商业支持版。

网址：https://www.confluent.io/。

9. Databricks

总部：加州旧金山。

员工数量：不到 200 人。

上榜理由：Databricks 这家公司支持另一个很流行的大数据流项目：Apache Spark。创建该项目的开发人员在 2013 年创办了 Databricks，为该项目提供商业支持。据公司称，Spark 拥有"大数据领域最庞大的开源社区，来自 250 余家组织的 1 000 多人贡献了代码。"知名的 Databricks 客户包括 NBC 环球、惠普、壳牌、思科及 3M 等。

网址：https://databricks.com/。

10. DataStax

总部：加州圣克拉拉。

员工数量：超过 400 人。

上榜理由：除了同样基于 Cassandra 的托管云解决方案外，DataStax 还提供商业支持版的 Apache Cassandra NoSQL 数据库。它拥有 50 多个国家的 500 多个客户。使用其产品的知名公司包括：奈飞、西夫韦、Adobe、Intuit 和 eBay。

网址：https://www.datastax.com/。

11. Docker

总部：加州旧金山。

员工数量：估计超过 120 人。

上榜理由：在过去几年间，Docker 容器化技术已俨然成为对企业用户来说最具影响力的开源项目之一。它在 GitHub 上有 32 000 多颗星，下载量超过 80 亿人次。在 2016 年，GitHub 代码贡献者最多的公司榜单上，这项技术背后的公司（同样名叫 Docker）名列第 3 位。Docker 软件在使用敏捷和 DevOps 方法的公司当中非常流行，该公司声称"使用 Docker 的公司在交付软件的频次方面效率平均可提升 7 倍。"

网址：https://www.docker.com/。

12. Elastic

总部：加州芒廷维尤。

员工数量：超过 500 人。

上榜理由：Elastic 因开源 ElasticSearch 项目而声名远播，它提供一整套产品，旨在可以"安全、可靠地从数据源获取任何格式的数据，并实时搜索、分析和显示数据。"ElasticSearch 在流行开源项目排行榜上名列第 7 位，它在 GitHub 上有 25 254 颗星。Elastic 还有另外几个开源项目，包括 Kibana、Beats 和 Logstash。

网址：https://www.elastic.co/。

13. Facebook

总部：加州门洛帕克。

员工数量：超过 20 000 人。

上榜理由：这个知名的社交网络已成为开源软硬件方面的领先倡导者之一。

2016 年，它在 GitHub 代码贡献者最多的公司榜单上名列第 2 位（15 682 名贡献者）。其流行的开源项目包括：React 及 React-native Java 开发工具、Flow、HHVM、Relay 及其他项目。

网址：https://code.facebook.com/projects/。

14. GitHub

总部：加州旧金山。

员工数量：672 人。

上榜理由：GitHub 已成为开源项目事实上的代码库。在 2016 年的报告中，它声称有 580 万名活跃用户、331 000 多家活跃组织，以及 1 940 万个活跃代码库。该公司还创建了自己的开源项目，包括 Atom 文本编辑器、Hubot 和 Git 大文件存储（LFS）。

网址：https://github.com/。

15. 谷歌

总部：加州门洛帕克。

员工数量：超过 57 000 人。

上榜理由：谷歌发布或贡献代码的开源项目超过 2 000 个，它是使用和支持开源方面最热心的企业之一。它在 2016 年的 GitHub 代码贡献者最多的公司榜单上名列第五（谷歌还拥有 Angular，Angular 在榜单上名列第 4 位）。谷歌的知名开源项目包括：Android、Chromium、Dart、Go、Kubernetes 及 TensorFlow 等。

网址：https://opensource.google.com/。

16. Gradle

总部：加州旧金山。

员工数量：不到 50 人。

上榜理由：Gradle 既是开源 DevOps 构建工具的名称，又是维护该工具公司的名称。它在 TechCrunch 的顶尖开源项目榜单上名列第 17 位，声称每月下载量超过 400 万人次。用户包括 LinkedIn、Android、奈飞、Adobe 和 Elastic 等。

网址：https://gradle.org/。

17. Hashicorp

总部：加州旧金山。

员工数量：不到 250 人。

上榜理由：作为另一家 DevOps 工具供应商，Hashicorp 已开发了几个开源项目，大多数与云基础设施自动化有关。其中，最有名的项目是 Vagrant 配置工具，该工具在市面上的顶级开源项目中名列第 15 位。其他开源项目包括 Packer、Terraform、Vault、Consul 和 Nomad。

网址：https://www.hashicorp.com/。

18. Hortonworks

总部：加州圣克拉拉。

员工：约 1 110 人。

上榜理由：与 Cloudera 一样，Hortonworks 也提供一种流行的 Hadoop 发行版，它在顶级开源项目榜单上排名第 6 位，几乎都是大数据的代名词。该公司称，它信奉"一切都百分之百开放的方法。我们完全驳斥供应商只有通过锁定和专有技术才能成功的观念。我们认为，开源促进创新。"

网址：https://hortonworks.com/。

19. 华为

总部：广东深圳。

员工数量：约 180 000 人。

上榜理由：这家中国公司也许不是大多数人在开源开发方面想到的第一家公司，但近些年来，华为一直为 Linux 贡献大量代码。在 Linux 基金会的 2017 年内核开发报告中，华为在为 Linux 操作系统贡献代码变更的公司榜单上名列第 25 位，在"将新开发人员投入于开源社区方面最活跃"公司中名列第 4 位。

网址：http://www.huawei.com/us/。

20. IBM

总部：纽约州阿蒙克。

员工数量：约 380 000 人。

上榜理由：蓝色巨人在 Linux 基金会的 Linux 内核领先代码贡献者榜单上名列第 8 位。它在支持开源方面有着悠久历史。最近，它发布了采用 Eclipse 公共许可证的 WebSphere Liberty 项目，还创建了许多开源项目，或贡献了代码，比如 OpenWhisk、Project Intu 和 LoopBack 等。IBM 还是许多知名开源基金会的成员或赞助者，包括 Linux 基金会、Eclipse 基金会、Apache 软件基金会和 OpenStack 基金会等。

网址：https://developer.ibm.com/code/open/。

21. 英特尔

总部：加州圣克拉拉。

员工数量：约 106 000 人。

上榜理由：2016 年，英特尔是为 Linux 内核贡献代码最活跃的公司。其员工对代码做了 14 384 次变更，在报告跟踪调查期间的变更总数中约占 12.9%。其开发人员还为其他众多开源项目贡献代码，英特尔还是几家开源基金会的成员或赞助者，包括 Linux 基金会、Eclipse 基金会和 OpenStack 基金会。

网址：https://01.org/。

22. LinkedIn

总部：加州芒廷维尤。

员工数量：9 732 人。

上榜理由：这家社交网络在使用和创建开源软件方面有着悠久历史。据官方网站称，其工程师创建的开源项目超过 75 个，包括与 Hadoop 有关、现由 Apache 软件基金会管理的几个项目。该公司称："我们认为，开源项目让我们的工程师更善于发挥其特长。由于工作成果与整个社区共享，工程师提高了技艺。"

网址：https://engineering.linkedin.com/open-source。

23. 微软

总部：华盛顿州雷德蒙德市。

员工数量：约 114 000 人。

上榜理由：一二十年前，微软还位居开源软件反对者榜单的前列，但此后它完全改变了立场。2016 年，微软为 GitHub 项目贡献代码的员工比其他公司都要多。现在，微软与其他领先的开源公司展开了合作，包括 Red Hat，它还开源了一些流行的软件，包括.NET 开发工具、Visual Studio Code、PowerShell Core、CNTK 深度学习工具包、Type 及 Redis 等。它还在其云计算服务上支持 Linux，并采取跨平台开发方法。

网址：https://open.microsoft.com/。

24. MongoDB

总部：纽约市。

员工数量：超过 800 人。

上榜理由：MongoDB 数据库是流行的 NoSQL 数据库之一，在最具影响力的开源项目榜单上名列第九。由于大数据大行其道，MongoDB 备受关注，该软件现在的下载量已超过 2 000 万人次。知名用户包括 Adobe、亚马逊、思科、GitHub、康卡斯特、eHarmony、Twitter 等。

网址：https://www.mongodb.com/。

25. 奈飞

总部：加州洛斯加托斯。

员工数量：约 3 500 人。

上榜理由：这家流视频服务商在为开源项目贡献代码、开源内部开发的工具方面一直极其活跃。其项目包括：Genie、Inviso、Lipstick、Aegisthus、Nebula、Aminator、Spinnaker、Eureka、Archaius、Ribbon、Hystrix、Karyon、Governator、Fenzo、Photo、Dynomite、Atlas 及 Chaos Monkey 等。

网址：https://netflix.github.io/。

26. Nginx

总部：加州旧金山。

员工数量：不到 250 人。

上榜理由：Nginx 是一种开源 Web 服务器，它在最具影响力的开源项目榜单上排名第 18 位。据官方网站称，它支撑"全球一半最忙碌的网站和应用。"该公司提供支持版的开源软件，声称客户包括迪士尼、AT&T、时代华纳有线电视、美国银行、职业棒球大联盟、WordPress 和韦里逊。

网址：https://www.nginx.com/。

27. npm

总部：加州奥克兰。

员工数量：不到 50 人。

上榜理由：npm 在最具影响力的开源项目榜单上名列第 11 位，自称是"面向 Java 的软件包管理器，是世界上最大的软件注册中心。"它在 Node.js 用户当中颇受欢迎。

网址：https://www.npmjs.com/。

28. Oracle

总部：加州圣克拉拉。

员工数量：超过 136 000 人。

上榜理由：Oracle 收购 Sun 时，就接手了世界上流行的开源技术，包括 Java、MySQL 数据库、OpenOffice 办公生产力平台和 Hudson 持续集成工具。Oracle 有时因处理这些开源项目的做法而受到抨击，它已将其中一些项目移交给了非营利基金会。然而，Oracle 仍在支持开源开发，并且是 Linux 基金会、Eclipse 基金会和 OpenStack 基金会的支持者。

网址：http://www.oracle.com/us/technologies/open-source/overview/index.html。

29. Puppet

总部：俄勒冈州波特兰。

员工数量：超过 500 人。

上榜理由：Puppet 是一种开源配置管理解决方案，在许多 DevOps 团队中颇受欢迎。Puppet 还是为该软件提供商业支持的公司的名称。36 000 家组织使用该软件，包括维基媒体基金会、Reddit、Mozilla、Twitter、PayPal、Spotify、Red Hat、英特尔、美国宇航局及优步等。除了旗舰 Puppet 工具外，该公司还为组成 Puppet 生态系统的另外 40 多个开源项目贡献代码。

网址：https://puppet.com/。

30. Red Hat

总部：北卡罗来纳州罗利。

员工数量：10 700 人。

上榜理由：Red Hat 声称是"全球开源领导厂商"，它的 Red Hat Enterprise Linux 是面向大企业的流行的 Linux 发行版之一。它在领先的 Linux 代码贡献者榜单上名列第 2 位,是 Apache 软件基金会和 OpenStack 基金会的成员或赞助者。除了 Linux 发行版外,它还管理着另外几个开源项目,包括 OpenShift、Gluster 及 CloudForms 等。

网址:https://www.redhat.com/en。

31. Redis Labs

总部:加州芒廷维尤。

员工数量:不到 100 人。

上榜理由:Redis Labs 是 Redis 内存数据库软件背后的公司,该软件在最具影响力的开源软件榜单上排名第 12 位。据 DB-Engines 的排名显示,Redis 还是流行的键值存储数据库。StackOverflow 在 2017 年的调查时,将 Redis 评为"最受喜爱的"数据库。

网址:https://redislabs.com/。

32. 三星电子

总部:韩国首尔。

员工数量:超过 308 000 人。

上榜理由:虽然三星以一家设备和电子产品制造商出名,但其开发人员还为开源项目贡献了大量代码。2016 年的报告发现,在营利性公司当中,只有英特尔和 Red Hat 贡献的代码多过三星。三星还是 Linux 基金会、Apache 软件基金会和 OpenStack 基金会的成员或赞助者。

网址:http://opensource.samsung.com/reception.do。

33. Sauce Labs

总部:加州旧金山。

员工数量:不到 100 人。

上榜理由:Sauce Labs 提供的应用测试软件基于两个开源项目:Selenium

和 Appium。它为 Appium 贡献代码，Selenium 是由公司的其中一位联合创始人创办的。它还为开源项目提供免费测试。

网址：https://saucelabs.com/。

34. SUSE

总部：德国纽伦堡。

员工数量：约 1 000 人。

上榜理由：与 Red Hat 一样，SUSE 也以其企业级 Linux 发行版而出名。它还为 Linux 内核贡献大量代码，在 2016 年积极参与该项目的所有公司中名列第 7 位。它还参与了许多开源项目，包括 Cloud Foundry、OpenStack、Ceph 及开放容器项目（OCI）等。

网址：https://www.suse.com/company/open-source/。

35. Twitter

总部：加州旧金山。

员工数量：约 3 900 人。

上榜理由：Twitter 声称"立足于开源软件"，发布了许多内部开发的采用开源许可证的工具。它在 GitHub 上的公共代码库超过 139 个。

附件 C

开源软件的重要奠基人

开源软件的重要奠基人　　附件 C

▶▶▶ 理查德·马修·斯托曼：自由软件运动发起人

理查德·马修·斯托曼（Richard Matthew Stallman，RMS，生于 1953 年），自由软件运动的精神领袖、GNU 计划及自由软件基金会（Free Software Foundation）的创立者、著名黑客。他的主要成就包括 Emacs 及后来的 GNU Emacs，GNU C 编译器及 GNU 调试器。他所写作的 GNU 通用公共许可证（GNU GPL）是世上广为采用的自由软件许可证，为 Copyleft 观念开拓出一条崭新的道路，引领自由软件社区拓展完整的自由软件生态。

▶▶▶ Anderw S.Tanenbaum：Minix 的作者

著名的技术作家、教育家和研究者，IEEE 高级会员、ACM 高级会员、荷兰皇家艺术和科学院院士、1994 年 ACM Karl V.Karlstrom 杰出教育奖、1997 年 ACM 计算机科学教育杰出贡献奖、2002 年 Texty 卓越教材奖、第 10 届 ACM 操作系统原理研讨会杰出论文奖，被列入"Who's Who in the World"人物目录。

Andrew S. Tanenbaum 获过美国麻省理工学院的理学学士学位和加利福尼亚大学伯克利分校的哲学博士学位，目前是荷兰阿姆斯特丹自由大学的计算机科学系教授，并领导着一个计算机系统的研究小组。同时，他还是一家计算与图像处理学院的院长，这是由几个大学合作成立的研究生院。尽管社会工作很多，但他并没有中断学术研究。多年来，他在编译技术、操作系统、网络及局域分布式系统方面进行了大量的研究工作。目前的主要研究方向是设计规模达数百万用户的广域分布式系统。在进行这些研究项目的基础上，他在各种学术杂志及会议上发表了 70 多篇论文。他同时还是 5 本计算机专著的作者。Tanenbaum 教授还开发了大量的软件。他是 Amsterdan 编译器的原理设计师，这是一个被广泛使用的，用来编写可移植编译器的工具箱。他领导编写的 MINIX，是一个用于操作系统教学的类 UNIX 的小型操作系统。他和他的博士研究生及其他编程人员一道设计的 Amoeba 分布式操作系统，是一个高性能的微内核分布式操作系统。目前，可在 Inernet 上免费得到 MINIX 及 Amoeba，用于教学和研究。他的一些博士研究生，在获得学位后继续进行研究，并取得了更大的成就，赢得了社会赞誉，对此他深感自豪。人们称他为桃李满天下的教育家。

▶▶▶ 林纳斯·本纳第克特·托瓦兹：Linux 之父

林纳斯·本纳第克特·托瓦兹（Linus Benedict Torvalds, 1969 年~），著名的电脑程序员。Linux 内核的发明人及该计划的合作者。托瓦兹利用个人时间及器材创造出了当今全球最流行的操作系统（作业系统）内核之一。现受聘于开放源代码开发实验室（OSDL: Open Source Development Labs, Inc），全力开发 Linux 内核。他除了提供操作系统的内核，使得开源软件的操作系统成为完整的系统；还编写出 Git 程序，实现了开源软件分布式发展，进一步促进了开源软件自身云化的发展。

▶▶▶ 艾瑞克·雷蒙德：开源软件的创始人之一

开启"开源软件"商业模式，他在著名的《大教堂与集市》一书中将开源软件的商业模式讲得淋漓尽致。

▶▶▶ 鲍勃·扬和马克·尤因：Red Hat 创始人

为开源软件实现商业化发展提供了最佳的实践案例，也为大公司如何开源软件提供了良好的范式、赢利模式，以及企业实践。

布鲁兹·佩伦斯：Debian 创始人

开放源代码定义的创始人，既是程序员，又是法律专家的通才，将开源从自由软件中剥离出来，起草了《Debian 社会契约》《开放源代码定义》精要；开创"开源新兴经济学范式"，于 2004 年提出了开放源码业务使用的经济理论，并以《创新正在走向开放》为主题进行了精彩演讲等。

Michael Tieman：Cygnus 公司创始人

Michael Tiemanm、David Henkel-Wallace 和 John Gilmore 于 1989 年创建 Cygnus 公司，其目的是为开源软件提供高质量的开发和支持。经过几年的艰苦努力，推出了今天被人们广泛使用的 GNUPro 开发工具包，包括 GCC（ANSI-C 编译器）、G++（C++编译器）、GDB（源码级和汇编级调试工具）、GAS（GNU 汇编器）、LD（GNU 链接器）、Cygwin（Windows 下的 UNIX 环境）、Insight（GDB 图形界面 GUI）等。

Larry Augustin：VA Linux 系统公司创始人

1993 年，斯坦福大学学生 Larry Augustin 创立了 VA Research（后来的 VA Linux 和 Geeknet），同时获得博士学位，杨致远和 Yahoo!的创始人戴维·费洛（David Filo）也都是从斯坦福大学毕业的。杨致远和戴维·费洛帮助介绍 Augustin 引入 Sequoia Capital，Sequoia Capital 为 Augustin 提供了风险投资。

▶▶▶ Brian Behlendorf：Apache 之父

Brian Behlendorf 被人们尊称为 Apache 之父，Hyperledger 执行董事，万维网奠基人之一，Apache 软件基金会的首任理事长及创始人之一，长期以来支持开源软件。现在他主要致力于为企业开发区块链技术。1995 年 2 月，他们完成整个重写的 NASC 工作后，才正式将自己命名为 "Apache 小组"。

▶▶▶ Matthew Szulik：Red Hat 公司主席兼首席执行官

Matthew Szulik 先生一直致力于将 Interleaf、MapInfo 和 Red Hat 等处于早期发展阶段的技术公司打造成为全球性的公开上市公司。1998 年，Szulik 与 Red Hat 公司创始人 Bob Young 制定了一项共同的愿景，希望通过将开放源代码与一个伟大品牌结合起来的方式，重新在厂商与客户之间分配技术行业经济成果。继 1999 年和 2000 年成功推出一系列产品后，Szulik 又领导了一次从零售到订阅模式的根本性业务转变。该订购模式与 Red Hat 公司的开放源代码战略结合，实现了一项使全球私营企业、政府和教育部门的客户都能够极大受益的方案：低成本，高价值。这次重大业务转变使 Red Hat 公司被公认为是 21 世纪的决定性技术公司。

在 Szulik 的领导下，Red Hat 公司与 Oracle、IBM、戴尔、英特尔、NEC、富士通、BEA 和惠普建立了全球合作伙伴关系，为他们提供基于开放源代码技术的先进技术。这些合作伙伴关系使客户能够自由地在开放源代码的基础上进行进一步的开发。

目前，Red Hat 公司已是面向企业的 Linux 和开放源代码技术的领先提供商。全球十大金融机构中的九家，以及财富 500 强企业中 65% 的公司都是 Red Hat 公司的客户。

开源软件的重要奠基人 | 附件 C

Szulik 积极致力于通过开放源代码来改善全球学生的教育机遇，同时，他还努力说服行业、政府和教育界的领导者采用开源代码。Szulik 定期在全世界的大学和学习机构发表讲话，坚持认为：所有人都可以学会，并应用开源技术。

Szulik 现任北卡罗来纳州经济发展委员会科技局主席。他还曾担任北卡罗来纳州电子与信息技术协会主席兼执行总监。Szulik 还荣获《CIO 杂志》授予的远景奖。

▶▶▶ Marc Benioff：Salesforce 现任董事长

Salesforce 的创始人是俄罗斯裔美国人 Marc Benioff。Marc Benioff 在美国也是一个具有传奇色彩的人物。他创立 Salesforce 之前是 Oracle（甲骨文）高级副总裁，当时才 27 岁，是 Oracle 历史上最年轻的高级副总裁。20 世纪末，互联网的发展出现了一个高潮，他预见到，随着互联网的发展和宽带的普及，会有越来越多的企业通过互联网得到一些软件的服务。于是，他离开了 Oracle，并在 1999 年成立了 Salesforce 公司，当时他仅 37 岁，就开始对 SaaS 业务模式进行探索，此后 Marc Benioff 被誉为"软件终结者"，提出云计算和软件即服务（SaaS）的理念，开创了新的里程碑。

▶▶▶ Guido van Rossum（吉多·范罗苏姆）：Python 创始人

Guido van Rossum（吉多·范罗苏姆），1982 年获得阿姆斯特丹大学的数学和计算机科学的硕士学位，并于同年加入一个多媒体组织 CWI，做调研员。1989 年，他创立了 Python 语言。那时，他还在荷兰的 CWI（Centrum voor Wiskunde en Informatica，国家数学和计算机科学研究院）任职。1991 年年初，发布了第一个公开发行版 Python。Guido 原居荷兰，1995 年移居美国，并遇到了他现在的妻子。在 2003 年年初，Guido 和他的家人，包括他 2001 年出生的儿子 Orlijn 一直居住在华盛顿州北弗吉尼亚的郊区。随后他们搬迁到硅谷，从 2005 年开始就职于 Google 公司，其中有一半时间是花在 Python 上的，现在 Guido 在为 Dropbox 工作。

Solomon Hykes（所罗门·海克斯）：Docker 创始人

Solomon Hykes 于 2010 年创建 Docker（当时公司叫 DotCloud），开发了 Docker 的核心技术，从此开启了容器技术时代。有了容器，开发人员只需编写一套代码，即可在任何服务器或大型云计算服务上运行代码。因此，Hykes 也被认为是云计算领域的技术先锋。现在 Docker 估值已达 13 亿美元。

Martin Fowler：微服务之父

Martin Fowler（福勒）是敏捷开发方法的创始人之一，现为 Thought Works 公司的首席科学家。他在面向对象分析设计、UML、模式、软件开发方法学、XP、重构等方面，都是世界顶级的专家。Thought Works 是一家从事企业应用开发和集成的公司。早在 20 世纪 80 年代，Martin Fowler 就是使用对象技术构建多层企业应用的倡导者，他著有几本经典书籍:《分析模式》《UML 精粹》《重构》等。他改变了人类开发软件的模式，被开发者们尊为"教父"，他从不与媒体谈论技术以外的事情。

Joe Beda（乔·贝达）

Joe Beda（乔·贝达）是 VMware 的首席工程师。Joe 因为 Heptio 的收购加入了 VMware，后者是云原生运动的领导者，和 Joe Beda 共同创立了公司。此前，Joe Beda 在 Google 创建了 Google Compute Engine，并完成了第一次

Kubernetes 项目提交。他是开源社区的常客。

伊戈尔·赛索耶夫：Nginx 创始人

Nginx 初始版本是在 2004 年 10 月 4 日发布的，起初只是供俄罗斯大型门户网站及搜索引擎 Rambler 使用的，2011 年，俄罗斯 Nginx 公司获得 300 万美元风投，也获得了大量的追随者。我国国内的 BAT、新浪、搜狐都有应用，国外的 Facebook、TechCrunch、Groupon 和 WordPress 等公司也是 Nginx 的拥护者。

William Morgan：Service Mesh 的创始人

Linkerd 的 CEO 是 William Morgan。Linkerd 是业界第一家发明 Service Mesh 的公司，也是它创造了 Service Mesh（服务网格）这个词汇的。因此，说 William Morgan 是 Service Mesh 创始人当之无愧。

Martin Casado：SDN 之父

Martin Casado 是 SDN 初创公司 Nicira 的创始人，著名的风险投资公司 Andreessen Horowitz 合伙人之一。2012 年，Nicira 被 VMware 以 12.6 亿美元的高价收购。Martin Casado 加盟 VMware，并任 VMware 网络和安全业务组执行副总裁。

▶▶▶ 帕特里克·德布瓦（Patrick Debois）
——DevOps 的发起人

Patrick Debois 是一名独立的 IT 顾问，他通过在开发、项目管理和系统管理中使用敏捷技术来弥合项目与运营之间的鸿沟。DevOps 的发起人之一。

▶▶▶ 安德鲁·克莱·沙弗（Andrew Clay Shafer）
——DevOps 的发起人

安德鲁·克莱·沙弗（Andrew Clay Shafer）致力于帮助人们改善提供软件服务的技术和流程。作为 Puppet Labs 的共同创始人，他在 DevOps 成为一个词之前宣扬了 DevOps 的实践和工具。作为 Cloudscaling 的工程副总裁，他获得了实施和操作云基础架构的第一手经验。现在 Andrew 在 Pivotal 任职，致力于帮助 Cloud Foundry 生态系统和 Pivotal 客户利用平台来构筑未来。

附件 D

开源基金会

基金会是开源生态中的一个重要组成部分，用于资金的筹集与开源项目的前期资助与后期的发展。这里将介绍部分重要基金会，供大家深入学习与借鉴。

云原生计算基金会
CNCF（Cloud Native Computing Foundation）

云原生计算基金会于 2015 年 12 月 11 日成立。当年谷歌内部一直用于编排容器的 Borg 项目开源了，为了使该项目能够得到更好的发展，谷歌与 Linux 基金会一起创办了 CNCF。谷歌把 Borg 用 Go 语言重写，更名为 Kubernetes，并捐赠给 CNCF。成立这个组织的初衷，简单地说，是推动云原生计算可持续发展；帮助云原生技术开发人员快速地构建出色的产品；主要成员包括谷歌、华为、苹果、Spotify、Atlassian、eBay、Intuit、Reddit、Shopify、Squarespace 和沃尔玛等 87 家公司。

CNCF 的口号是"坚持和整合开源技术来编排容器作为微服务架构的一部分"，作为致力于云原生应用推广和普及的一支重要力量，不论是云原生应用的开发者、管理者，还是研究人员都有必要了解。CNCF 通过建立社区、管理众多开源项目等手段来推广技术和生态系统发展。CNCF 作为一个厂商中立的基金会，致力于推广 GitHub 上快速成长的开源技术，如 Kubernetes、Prometheus、Envoy 等，帮助开发人员更快、更好地构建出色的产品。

目前，主要支持的项目有：源于谷歌的 Kubernetes（容器编排引擎）开源项目；源于华为的 KubeEdge（边缘计算平台）开源项目。

很多公司乐于把项目贡献给 CNCF，这样能吸引更多的专家参与进来。只有足够优秀的项目，CNCF 才会接纳，原创公司会在该项目上保持技术上的领先，也能扩大技术影响力，所以原创公司愿意分享项目到 CNCF。

CNCF（云原生计算基金会）构建可持续生态系统，并促进社区支持云原生开源软件的增长和健康发展。每个 CNCF 项目都需要有一个成熟度等级，申请成为 CNCF 项目的时候需要确定项目的成熟度级别。成熟度级别（Maturity Level）包括以下三种：sandbox（初级），incubating（孵化中），graduated（毕业）。

更多信息可参阅：

https://www.cncf.io/；

https://www.linuxidc.com/Linux/2015-07/120813.htm。

Linux 基金会

2000 年，Linux 基金会成立，赞助 Linux 创始人 Linus Torvalds 的工作。该基金会通过领先的技术，和来自世界各地的开发人员合作。Linux 基金会保护其成员和开源开发社区资源，以确保 Linux 仍然是免费的，但技术上是先进的。

2007 年，由开源码发展实验室（Open Source Development Labs, OSDL) 与自由标准组织（Free Standards Group, FSG）联合起来成立了 Linux 基金会。Linux 基金会是一个非营利性的联盟，其目的在于协调和推动 Linux 系统的发展，以及宣传、保护和规范 Linux。其中，MeeGo 是 Linux 基金会管理下的 Linux 操作系统。

它还通过举办合作活动促进创新，例如 Linux 技术社区、应用开发商、行业和最终用户，解决 Linux 生态系统面临的紧迫问题，包括 LinuxCon 等。通过与 Linux 基金会的合作计划，最终可以解决用户、开发和产业的合作、技术、法律和宣传的问题。

2010 年 6 月 29 日，Linux 基金会执行董事 Jim Zemlin 表示：在嵌入式领域，Linux 排名第一；超级计算机领域也是 Linux 领先的；服务器方面，Linux 与微软的 Windows 各占半壁江山；而桌面则是微软领先的。从中可以看到，Linux 在绝大部分领域都有出色的表现。

2011 年 4 月 8 日，Linux 基金会表示 Linux 已经战胜微软：Linux 基金会执行理事吉姆·策姆林（Jim Zemlin）在接受 Network World 采访时称，在

Linus Torvalds 开发出他的著名的操作系统内核 20 年之后，Linux 与微软之间的斗争已经结束，并且 Linux 取得了胜利。

截至 2011 年 12 月，Linux 已经发展成为计算领域中的强有力的工具。

2018 年 3 月 28 日，Linux 基金会（Linux Funds）宣布推出 LF 深度学习基金会，助力开源技术在人工智能、机器学习和深度学习领域的发展。该基金会的联合创始公司有：百度、华为、腾讯、诺基亚、中兴、Amdocs、AT&T、B.Yond、Tech Mahindra、Univa。

相关链接：Linux 基金会，https://linuxfoundation.cn。

Apache 软件基金会

Apache 软件基金会（也就是 Apache Software Foundation，ASF），是专门为支持开源软件项目而办的一个非营利性组织。在它所支持的 Apache 项目与子项目中，所发行的软件产品都持有 Apache 许可证（Apache License）。

Apache 软件基金会正式创建于 1999 年 7 月。它的创建者是一个自称为"Apache 组织"的群体。这个"Apache 组织"在 1999 年以前就已经存在很长时间了，这个组织的开发爱好者们聚集在一起，在美国伊利诺伊斯大学超级计算机应用程序国家中心（National Center for Supercomputing Applications，简称 NCSA）开发的 NCSA Httpd 服务器的基础上开发与维护了一个叫 Apache 的 Http 服务器。

相关链接：https://www.apache.org/index.html#news。

自由软件基金会（FSF）

发起

自由软件基金会（Free Software Foundation，FSF）是一个致力于推广自由软件，促进计算机用户自由的美国民间非营利性组织。它是1985年10月由理查德·斯托曼建立的。其主要工作是执行GNU计划，开发更多的自由软件，完善自由软件理念。

自由软件基金会是一个致力于促进和保护计算机用户自由的非营利性组织，从其建立到20世纪90年代中期，自由软件基金会的基金主要被用来雇佣程序员发展自由软件。从20世纪90年代中期开始，写自由软件的公司和个人太多了，因此，自由软件基金会的雇员和志愿者主要在自由软件运动的法律和结构领域工作。

责任与使命

随着社会越来越依赖计算机，运行的软件对于确保自由社会的未来至关重要。自由软件需要对在家庭、学校和企业中使用的技术的控制权。在这些技术中，计算机是为个人和公共利益服务的，而不是为可能寻求限制和监控的专有软件公司或政府而服务的。自由软件基金会专门使用自由软件来执行其工作。

自由软件运动是计算文化引起的成功的社会运动之一，它是由致力于自由和共享事业的全球程序员社区推动的。但是，自由软件运动的最终成功取决于向我们的朋友、邻居和工作同事传授没有软件自由的危险，以及社会对其计算失去控制的危险。

核心工作

FSF维护了"自由软件定义"，清楚地记录了特定软件程序必须被视为自由软件的真实情况。

FSF赞助了GNU项目，正在进行的工作是支持被许可为免费软件的操作系统的开发。FSF还资助和促进重要的免费软件开发，并为GNU软件维护者提供开发系统，包括完整的电子邮件和shell服务，以及邮件列表。我们致力于促进GNU操作系统的开发，并使志愿者能够轻松地为这项工作做出贡献，包括赞助Savannah源代码存储库和免费软件开发中心。

FSF 在大部分 GNU 操作系统和其他自由软件上拥有版权。FSF 声称持有这些资产是为了保护自由软件。每年，FSF 都会从从事免费软件工作的个人软件开发人员和公司那里收集成千上万的软件，在美国版权局注册这些版权，并执行分发自由软件所依据的许可证——通常是 GNU 通用公共许可证。FSF 这样做是为了确保自由软件发行人遵守其义务，将自由传递给所有用户，共享、学习和修改代码。FSF 通过免费软件许可和合规性实验室进行此项工作。

FSF 发布了 GNU 通用公共许可证（GNU GPL），这是世界上最受欢迎的自由软件许可证之一，并且是唯一以促进和维护软件自由为明确目的而编写的许可证。FSF 发布的其他重要许可证包括 GNU 较小通用公共许可证（GNU LGPL）、GNU Affero 通用公共许可证（GNU AGPL）和 GNU 自由文档许可证（GNU FDL）。

▶▶ Eclipse 基金会

2004 年，Eclipse 基金会被创立，这是一个不以营利为目的的组织，主要任务是监督项目，从技术上替代微软的 Visual Studio 套件。Eclipse 为开发者提供的开发环境是不依赖于任何单一的编程语言或供应商的。具体内容详见以下网址：http://www.eclipse.org/org/foundation/。

附件 E

开源许可证

开源许可证

开源所涉及的许可证非常多,这些内容都可以在以下网站进行检索。具体详见 https://opensource.org/licenses/category。以下我们重点介绍几个广泛使用的许可证。

GNU GPL：GNU 通用公共许可证

http://www.gnu.org/licenses/old-licenses/gpl-2.0.html。

GNULGPL：GNU 较小通用公共许可证

https://opensource.org/licenses/lgpl-license。

Apache 许可 2.0（Apache-2.0）

Apache 许可证，https://opensource.org/licenses/Apache-2.0。

3 条款 BSD 许可证（BSD-3-Clause）

https://opensource.org/licenses/BSD-3-Clause。

2 条款 BSD 许可（BSD-2-条款）

https://opensource.org/licenses/BSD-2-Clause。

▶▶▶ MIT 许可证（MIT）

https://opensource.org/licenses/MIT。

▶▶▶ Mozilla 公共许可证 2.0（MPL-2.0）

https://opensource.org/licenses/MPL-2.0。

▶▶▶ 通用开发和发行许可证 1.0（CDDL-1.0）

https://opensource.org/licenses/CDDL-1.0。

▶▶▶ Eclipse 公共许可证 2.0（EPL-2.0）

https://opensource.org/licenses/EPL-2.0。

附件 F

开源社区

开源社区的定义

开源社区又称为开放源代码社区,一般由拥有共同兴趣爱好的人组成。根据相应的开源软件许可证协议公布软件源代码的网络平台,同时也为网络成员提供一个自由学习和交流的空间。由于开放源码软件主要由散布在全世界的编程者所开发,开源社区就成了他们沟通交流的必要场所。因此,开源社区在推动开源软件发展的过程中起着巨大的作用。

国内主要开源社区

华为开发者社区

https://developer.huaweicloud.com/。

Linux 中国

Linux 中国是广大 Linux 爱好者自发建立的以讨论 Linux 技术,推动 Linux 及开源软件在中国的发展为目的的技术型社区网站。Linux 中国的宗旨是给所有 Linux 爱好者、开源技术的朋友提供一个自由、开放、平等、免费的交流空间。

Linux 中国的前身是 Linux 大本营,创办于 1999 年,经过多年的努力和发展,于 2007 年正式更名为 Linux 中国,启用全新的域名。

开源中国社区

开源中国社区是工信部软件与集成电路促进中心创办的一家非营利性质的公益网站,其目的在于建立一个健康有序的开源生态环境,促进中国开源软件的繁荣,推动中国的信息化进程。社区提供了论坛、协同开发、软件资源库、资源黄页等资源，它的协同开发平台支持了国内第一个开源 ERP 项目——恩信 ERP、清华大学学位论文 LaTeX 模板等重要项目。

码云社区

码云（Gitee.com）是 OSCHINA.NET 推出的代码托管平台，支持 Git 和 SVN，提供免费的私有仓库托管。目前已有近 400 万名开发者选择码云。

LUPA 开源高校推进联盟

LUPA 开源高校推进联盟（Leadership Of Open Source University Promotion Alliance）的英文缩写，于 2005 年 6 月 12 日在杭州成立。LUPA 是中国开源运动的探索者和实践者，也是"中国开源模式"的缔造者。LUPA 主张软件自主创新，围绕学生"就业与创业"搭建学校与企业沟通的桥梁。给在校学生或社会群体提供一个直接与产业对话的平台，LUPA 融合国际最新前沿技术，打造新型、实用的标准化课件，促进中国高校教学教程改革，扶持高校学生自主创业和灵活就业，是解决我国"就业瓶颈"的理想模式。

共创软件联盟

共创软件联盟自 2000 年 2 月成立运作至今，通过灵活的开放源码策略实现广泛的智力汇聚和高效的成果传播，推进创新软件技术的迅速成长，促进我国软件产业在先进机制上实现跨越式发展。一方面，充分继承国际上已经投入数千亿美元开发出来的开放源码软件；另一方面，以国家 863 计划为战略导向，组织研发尚没有、同时急需的软件，并加以集成，按照联盟许可证规则进行开放。在联盟的环境中执行了一批新的 863 项目，以联盟许可证的方式来管理和支持这些项目。

ChinaUNIX.net

ChinaUNIX.net（以下简称 CU）是一个以讨论 Linux/UNIX 类操作系统技术、软件开发技术、数据库技术和网络应用技术等为主的开源技术社区网站。CU

的宗旨是给所有爱好 Linux/UNIX 技术、开源技术的朋友提供一个自由、开放、免费的交流空间。

红旗 Linux 技术社区

红旗 Linux 技术社区是为了让更多的用户通过技术社区得到更好的用户体验而创立的社区。注册人数众多，发挥了促进产品技术创新和广泛吸引用户的作用。

PHPChina

PHPChina 是一个以 PHP 为中心，面向软件开发者、程序爱好者的开源技术网站及交流社区。作为 PHP 语言开发公司 Zend Technology 在大中华区的唯一授权官方网站，PHPChina 同时也是 Zend 中国技术支持中心的官方社区，更是中国每个 PHPer 自己的开源社区。

Java 中文站

一个老牌的站点，提供大量 Java 资料，是国内较好的 Java 专业技术网站之一，在业界具有相当的名气。

Java 世界中文论坛

Java 世界中文论坛社区专为 Java 开源项目讨论和研究而设，讨论和研究范围几乎包含了所有流行的开源技术。

兰大开源社区

兰大开源社区是校内开源爱好者自发建立的，是由兰大分布与嵌入式系统实验室支持的组织，旨在学习和研究开源软件技术，宣传和推广开源软件的应用和开发，营造良好的计算机技术学习氛围。

国际主要开源社区

kernel

kernel.org，在这里从事开放工作的人都是勇气可嘉的，因为你很难发现其他类似的网站。

Alpha

Alpha 处理器在 Linux 领域中很受欢迎，在很长一段时间里，Alpha 是人们在处理高性能计算时乐于使用的 Linux 处理器。

PowerPC

PowerPC 社区主要提供对使用 PowerPC 微处理器的 Mac 计算机的资源支持，同时也会支持 IBM 系统。

PA-RISC

PA-RISC 聚焦于 HP 开发的处理器家族。

FSF 社区

详细参见：https://www.fsf.org/community/。

GitHub 社区

GitHub 社区是一个面向开源及私有软件项目的托管平台，因为只支持 Git 作为唯一的版本库格式进行托管，故名 GitHub。

GitHub 于 2008 年 4 月 10 日正式上线，除了 Git 代码仓库托管及基本的 Web 管理界面以外，还提供了订阅、讨论组、文本渲染、在线文件编辑器、协作图谱（报表）、代码片段分享（Gist）等功能。目前，其注册用户已经超过 350

万人，托管版本数量也是非常之多的，其中不乏知名开源项目 Ruby on Rails、jQuery、Python 等。

2018 年 6 月 4 日，微软宣布，通过 75 亿美元的股票交易收购代码托管平台 GitHub。

其网址是：https://github.com。

GitLab

GitLab 是一个用于代码仓库管理系统的开源项目，使用 Git 作为代码管理工具，并在此基础上搭建起来的 Web 服务。安装方法可以参考 GitLab 在 GitHub 上的 Wiki 页面。

GitLab 是由 GitLab Inc. 开发的，使用 MIT 许可证的基于网络的 Git 仓库管理工具，并且具有 Wiki 和 Issue 跟踪功能。

GitLab 由乌克兰程序员 DmitriyZaporozhets 和 ValerySizov 开发，它使用 Ruby 语言编写，部分用 Go 语言重写。截至 2018 年 5 月，该公司约有 290 名团队成员，以及 2 000 多名开源贡献者。GitLab 被 IBM，Sony，NASA，Alibaba，Invincea，O'ReillyMedia，Leibniz-Rechenzentrum（LRZ），CERN，SpaceX 等组织使用。

最初，该产品命名为 GitLab，是完全免费的开源软件，按照 MIT 许可证分发。

2013 年 7 月，产品被拆分为：GitLabCE（社区版）和 GitLabEE（企业版）。当时，GitLabCE 和 GitLabEE 的许可仍然是根据 MIT 许可分发的免费和开源软件。

2014 年 2 月，GitLab 宣布采用开放核心业务模式。GitLabEE 设置在专有许可证下，并且包含 CE 版本中不存在的功能。

2015 年 7 月，公司又筹集了 150 万美元的种子基金。截至 2015 年的客户包括阿里巴巴集团、IBM 和 SpaceX。

2015 年 9 月，GitLab 从 KhoslaVentures 筹集了 400 万美元的 A 系列资金。

2016 年 7 月，GitLab CEO 确认了公司的开放核心功能。

2016 年 9 月，GitLab 从 AugustCapital 和其他公司筹集了 2 000 万美元的 B 系列资金。

GitLab 于 2017 年 1 月 31 日发布一系列紧急通告，称位于荷兰的系统管理员因操作失误而删除了包含 310GB 产品数据的文件夹，在取消删除操作后仅剩下 4.5GB。运维人员之后检查发现，网站宣称和配备的多项备份措施均未正常运作或难以利用。GitLab 在 YouTube 直播了恢复数据的过程。网站最终丢失了最后 6 小时的数据库数据（包括问题、合并请求、评论、片段等，不含代码库）。

SourceForge

SourceForge.net 又称为 SF.net，是开源软件开发者进行开发管理的集中场所。SourceForge.net 由 VA Software 提供主机，并运行 SourceForge 软件。大量开源项目在此落户（截至 2009 年 2 月，已经登记超过 23 万个软件项目，超过 200 万名注册用户使用其服务），包括维基百科使用的 MediaWiki，也包含很多停止开发的项目。

SourceForge 是全球最大的开源软件开发平台和仓库之一，网站建立的宗旨就是为开源软件提供一个存储、协作和发布的平台。SourceForge 拥有大量优秀的开源软件，事实上，这些软件完全可以代替一些商业软件。

Linux 社区

http://www.svlug.org/about.php。

Red Hat

https://www.openshift.com/products/container-platform。

开源软件促进会

https://opensource.org/history。

华为开发者社区

https://consumer.huawei.com/en/opensource/。

开源中国

https://www.oschina.net/。

码云社区

https://gitee.com/。

参 考 文 献

[1] Richard Stallman. 迪波那等编，洪峰等译. GNU 操作系统与自由软件运动[A]. 开源软件文集：开源革命之声[C]. 北京：中国电力出版社，1999

[2] Michael Tiemann. 迪波那等编，洪峰等译. Cygnus Solution 的未来：一个企业家的现身说法[A]. 开源软件文集：开源革命之声[C]. 北京：中国电力出版社，1999

[3] Michael Tiemann. 迪波那等编，洪峰等译. Cygnus Solution 的未来：一个企业家的现身说法[A]. 开源软件文集：开源革命之声[C]. 北京：中国电力出版社，1999

[4] Michael Tiemann. 迪波那等编，洪峰等译. Cygnus Solution 的未来：一个企业家的现身说法[A]. 开源软件文集：开源革命之声[C]. 北京：中国电力出版社，1999

读者调查表

尊敬的读者：

  自电子工业出版社工业技术分社开展读者调查活动以来，收到来自全国各地众多读者的积极反馈，除了褒奖我们所出版图书的优点外，也很客观地指出需要改进的地方。读者对我们工作的支持与关爱，将促进我们为您提供更优秀的图书。您可以填写下表寄给我们（北京市丰台区金家村288#华信大厦电子工业出版社工业技术分社　邮编：100036），也可以给我们电话，反馈您的建议。我们将从中评出热心读者若干名，赠送我们出版的图书。谢谢您对我们工作的支持！

姓名：＿＿＿＿＿＿＿＿　　　　性别：□男　□女

年龄：＿＿＿＿＿＿＿＿　　　　职业：＿＿＿＿＿＿＿＿

电话（手机）：＿＿＿＿＿＿＿　E-mail：＿＿＿＿＿＿＿＿＿＿

传真：＿＿＿＿＿＿＿＿＿＿　　通信地址：＿＿＿＿＿＿＿＿＿

邮编：＿＿＿＿＿＿＿＿＿

1. 影响您购买同类图书因素（可多选）：

□封面封底　　□价格　　　□内容提要、前言和目录

□书评广告　　□出版社名声

□作者名声　　□正文内容　□其他＿＿＿＿＿＿＿＿＿＿＿＿＿

2. 您对本图书的满意度：

从技术角度	□很满意	□比较满意	
	□一般	□较不满意	□不满意
从文字角度	□很满意	□比较满意	□一般
	□较不满意	□不满意	

从排版、封面设计角度　　□很满意　　　□比较满意

　　　　　　　　　　　　□一般　　　　□较不满意　　　　□不满意

3. 您选购了我们哪些图书？主要用途？

_____

_____

4. 您最喜欢我们出版的哪本图书？请说明理由。

_____

_____

5. 目前教学您使用的是哪本教材？（请说明书名、作者、出版年、定价、出版社），有何优缺点？

_____

_____

6. 您的相关专业领域中所涉及的新专业、新技术包括：

_____

_____

7. 您感兴趣或希望增加的图书选题有：

_____

_____

8. 您所教课程主要参考书？请说明书名、作者、出版年、定价、出版社。

_____

_____

邮寄地址：北京市丰台区金家村288#华信大厦电子工业出版社工业技术分社

邮　　编：100036

电　　话：18614084788　　E-mail：lzhmails@phei.com.cn

微　信　ID：lzhairs

联　系　人：刘志红

电子工业出版社编著书籍推荐表

姓名		性别		出生年月		职称/职务	
单位							
专业				E-mail			
通信地址							
联系电话				研究方向及教学科目			
个人简历（毕业院校、专业、从事过的以及正在从事的项目、发表过的论文）							
您近期的写作计划：							
您推荐的国外原版图书：							
您认为目前市场上最缺乏的图书及类型：							

邮寄地址：北京市丰台区金家村288#华信大厦电子工业出版社工业技术分社

邮　　编：100036

电　　话：18614084788　E-mail：lzhmails@phei.com.cn

微 信 ID：lzhairs

联 系 人：刘志红

反侵权盗版声明

电子工业出版社依法对本作品享有专有出版权。任何未经权利人书面许可，复制、销售或通过信息网络传播本作品的行为；歪曲、篡改、剽窃本作品的行为，均违反《中华人民共和国著作权法》，其行为人应承担相应的民事责任和行政责任，构成犯罪的，将被依法追究刑事责任。

为了维护市场秩序，保护权利人的合法权益，我社将依法查处和打击侵权盗版的单位和个人。欢迎社会各界人士积极举报侵权盗版行为，本社将奖励举报有功人员，并保证举报人的信息不被泄露。

举报电话：（010）88254396；（010）88258888

传　　真：（010）88254397

E-mail：dbqq@phei.com.cn

通信地址：北京市万寿路173信箱
　　　　　电子工业出版社总编办公室

邮　　编：100036